조명하
의사 ── 자료집 I

조명하 의사 자료집 I

펴낸날 2021년 01월 29일
편 저 호사카 유지
펴낸이 김은정
펴낸곳 봄이아트북스

출판등록 제406-251002019000142호
주소 경기도 파주시 재두루미길 70 페레그린빌딩 308호
전화 070-8800-0156
팩스 031-935-0156
ISBN 979-11-6615-256-6 (03990)

· 자료번역자 : 이로미

· 값은 뒤표지에 있습니다.
· 잘못 만들어진 책은 구입처에서 교환해드립니다.

조명하
의사 ──· 자료집 I

세종대 독도종합연구소
호사카 유지 편저

조명하 의사 의거의 의미

호사카 유지

(세종대학교 대양휴머니티칼리지 교수)

조명하 의사는 1928년 5월 14일 타이완 타이중에서 당시의 일왕 히로히토(裕仁)의 장인이자 육군대장인 구니노미야 구니요시(久邇宮邦彦)를 척살했다.

조명하 의사의 의거는, 1932년 1월 8일 일본 도쿄에서 일왕(=천황) 히로히토에게 수류탄을 투척한 이봉창 의사의 의거로 이어졌고, 그것이 1932년 4월 29일 상하이에서 윤봉길 의사의 의거로 이어졌다.

윤봉길 의사의 의거에 감동한 중국국민당 장제스가 "100만 중국군이 못했던 것을 조선의 한 청년이 이룩했다."라고 했고, 그것으로 인해 중국국민당이 대한민국 임시정부를 지원하기 시작했다.

장제스가 참가한 1943년의 카이로회담에서 "노예 상태에 놓인 코리아를 적당한 시기에 해방시켜 독립시킨다."는 미국, 영국, 중화민국의 합의가 이루어졌고, 결국 일제 패망 후 한국은 일본으로부터 독립했다. 이런 전개의 본격적인 시작이 바로 조명하 의사의 의거였다고 해도 과언이 아니다.

한민족의 해방, 광복으로 이어지는 큰 가치를 지닌 조명하 의사의 의거는 왜 타이완에서 이루어졌을까? 이것을 말하기 위해서는 타이완 통치와 일본 황족의 특별한 관계를 알아야 한다.

청나라로부터 타이완을 할양받은 일본은 1895년 6월에 정식으로 타이완에 대한 식민통치를 시작했다. 그러나 당초 타이완 주민들의 저항이 매우 강력했기에 일제는 타이완 총독의 취임 자격을 육해군의 대장 혹은 중장에 한정했다. 격렬한 타이완 주민들의 저항 때문에 일제는 타이완 영유 후에도 타이완에서 소위 식민지 전쟁을 치러야 했다. 타이완 주민들은 일제의 타이완 영유에 항의해 1895년 5월 23일에 타이베이를 수도로 하는「타이완민주공화국」을 수립했고 독립을 선언하기에 이르렀다.[01]

그 후 1895년 10월 19일 「타이완민주공화국」이 붕괴될 때까지 일본군과 타이완 주민들의 전투가 5개월 정도 계속되었다. 이를 '타이완 식민지 전쟁'이라고 부른다.[02] 그리고 이때 일본 최초의 식민지 주둔군이라는 '영광'을 오로지 일왕에게 바치기 위해, '천황폐하의 친병(親兵)'[03]

01. 韓泰鎬, 『近代日本政治文化史』(敎學研究社, 1987), p.241.
02. 大江志乃夫, "植民地戰爭と總督府の成立", 『帝國統治構造(近代日本植民地2)』(岩波書店, 1993), p.4.
03. 위의 책, p.5.

으로서 황족 요시히사(能久) 친왕[04]이 거느리는 고노에(近衛) 사단이 타이완 주민과의 식민지 전쟁을 치렀다. 요시히사는 조명하 의사에 의해 척살된 구니노미야의 작은 아버지다.

이후 5개월에 걸친 전투로 일본군은 전사자 164명, 병사자 4,642명이 나왔고, 황족 요시히사도 그해 11월에 병사했다. 일제는 죽은 요시히사를 신격화하면서 그를 타이완에 은혜를 베풀기 위해 죽은 '타이완의 신'으로 만들었다.

일제는 타이완인들을 일본인으로 동화시키기 위한 동화이념을 필요로 했다. 타이완은 인민의 90%가 한(漢)민족이었으므로 일제는 타이완 영유 초기에 타이완과 일본은 '동종동문(同種同文)'이라는 표어를 동화이념에 사용했다. 그러나 이 표어는 강력한 동화이념이 되지 못했다. 그러므로 일본은 타이완을 동화시키기 위해 보다 강력한 이념을 창출해 내야 했다.

그것을 위해 일제는 일본 황실의 타이완에 대한 은혜를 픽션화해 강조하는 것으로 동화이념을 창출해 나갔다. 그 상징적인 존재가 요시히사(能久)였다. 요시히사는 타이완 총독부가 편찬한 수신(修身=도덕), 국어, 국사교과서에 상당히 많이 등장했다.[05] 요시히사는 황족이

---

04. 能久親王 : 1847~1895. 일본의 황족(皇族). 1870년, 독일에 군사연구를 위해 유학했다. 1892년 육군중장이 되고, 1895년 近衛 師團長으로서 청일전쟁에 참전. 전 후 타이완 진압에도 참가했으나 병을 앓고 1895년 12월에 만 49세로 사망.

05. 駒込武, "異民族支配の敎義", 『統合と支配の論理 (近代日本と植民地4)』(岩波書店, 1993), p. 147.

라는 신분임에도 불구하고 '미개지' 타이완에서 고생 끝에 사망했기 때문에 일본 본토에서도 비극적 영웅으로 간주되었다.[06]

1901년 요시히사는 타이완 신사의 '신'으로 추대되었다. 요시히사는 타이완에서 일본 황실의 은혜를 강조할 때마다 그 이름이 이용되었다. 타이완의 문명개화는 '천황폐하 덕분'이지만, 그것은 '요시히사 친왕이 타이완을 위해 자신을 희생하셨기 때문'이며, 요시히사는 '신이 되어서 언제까지나 타이완을 지켜 주신다.'[07]라는 은혜의 논리가 타이완에 대한 일제의 동화이념의 핵심이었다.

1900년 요시히사를 신으로 모신 타이완 신사가 건립되었는데, 그 제신(祭神)은 요시히사였고, 그 외 신들은 모두 개척의 신들이었다. 일제는 타이완이라는 외지(外地)를 개척한다는 의지를 이러한 신사의 제신 선정에도 반영했다. 이렇게 일제는 일왕뿐만이 아니라 일왕 히로히토의 작은 아버지 요시히사를 타이완 통치 이념의 중심에 놓았다.

타이완에 대한 통치로 동화이념에 황실의 은혜를 강조한 일제는 1923년 당시 아직 세자였던 히로히토의 타이완 방문을 비롯해 1901년 10월부터 1941년 3월까지 33차례에 걸쳐서 일본 황족들을 타이완에 보냈다.[08] 1901년 10월 황족 요시히사 친왕 부인이 타이완을 방문한

---

06. 위의 책, p.147.
07. 위의 책, pp.147~148.
08. 若林正丈, "1923年東宮臺灣行啓と「內地延長主義」", 『帝國統治の構造(近代日本と植民地 2)』(岩波書店1993), pp. 95~96.

것을 계기로 황족들이 타이완을 자주 방문하게 되었다. 요시히사의 부인은 요시히사 친왕과 개척 3신을 합사한 타이완 신사의 제신 진좌식(鎭坐式)에 참석하기 위해 타이완을 방문한 것이다.[09] 그 후 타이완 신사는 요시히사를 신으로 만든 타이완의 통치 정책의 중심이 되었다.

1923년 4월 타이완에 도착한 당시 세자 히로히토는 먼저 타이완 신사를 참배했다. 세자 히로히토의 타이완 방문은 일제 식민지 통치 사상 유일한 세자 방문이었고 일제는 타이완인에 대한 일본 황족의 은혜가 크다는 점을 강조했다. 일제로는 치안 상 안전하다고 판단되는 타이완에 대한 세자와 황족들의 방문을 추진한 것이다.

조명하 의사는 황족 요시히사가 신으로 모셔져 있는 타이완 신사가 있어 일본 황족들이 자주 방문하는 타이완에서 황족을 표적으로 의거를 실행해 성공할 수 있다는 신념으로 타이완을 의거의 땅으로 선택했다.

의거 대상으로 삼은 구니노미야가 타이완의 신 요시히사의 조카이자 요시히사와 같은 육군대장이고 1926년 일왕이 된 히로히토의 장인이라는 점을 조명하는 잘 알고 있었다. 그는 구니노미야가 타이완의 신 요시히사와 일왕 히로히토 양쪽을 상징하는 인물이라는 점을 충분히 인식하고 있었던 것이다.

---

09. 위의 책, p.108.

조명하 의사의 의거는 일본의 기만적인 식민지 통치에 대한 항거였고 일본을 비롯해 타이완이나 조선에서 군사적 신으로 피지배 민족 위에 군림하는 일본 황족의 한 사람을 척살함으로 인해 피지배 민족을 각성시키려는 의도에서 이루어졌다.

이 자료집은 현재까지 발표된 조명하 의사와 그가 척살한 구니노미야, 타이완의 신으로 불린 구니노미야의 작은 아버지 요시히사 친왕과 관련된 글 중 중요한 것을 선정해서 모았다. 자료는 기본적으로 현재(2020년 12월) 시점에 맞춰서 편집했음을 알려드린다. 예를 들어, 조명하의 일본명은 '아케가와 도요오(明河豊雄)'로 통일했고, 자료와 인용문에서는 '일왕' → '천황', '왕족' → '황족', '왕실' → '황실' 등으로 원문대로 기재했다.

이 자료집을 출판하는데 협력해주신 세종대학교의 배덕효 총장님, 봄이아트북스의 김은정 대표에 감사드린다.

조명하 의사의 의거가 결국 대한민국의 광복으로 이어졌다는 점을 밝히면서 본인의 말을 이만 줄인다.

목 차

제1장　조명하 의사 약전

조명하 의사가 처단한 황족 구니노미야

제3장 타이완의 신이 된 구니노미야의 작은 아버지 요시히사 친왕

제4장　조명사 의사 기념사업의 현황

제1장

조명하 의사 약전

☰ 제1절 ☳

조명하 의사 약전[01]
(趙明河義士略傳)

조경래[02]

 해설

조경래, 전 상명여자대학교 교수가 수집한 자료에 입각해 1987년 11월 30일 『조명하 의사 약전』을 펴냈다. 그는 조 의사를 잘 아는 가족과 친척을 비롯하여 1928년 5월 14일 타이완 타이중에서 일어난 조 의사의 의거를 직접 목격한 사람들, 조 의사 체포 등에 관여한 경찰 등에 대한 인터뷰, 조 의사에 관한 자료수집 등을 토대로 이 약전을 썼다. 이 약전은 2009년 5월 20일 타이완 한교협회 임경호 회장에 의해 재 발행된 바 있다. 2008년, 조 의사 순국 80주년이 그 계기가 되었다.

여기에 『조명하 의사 약전』을 다시 편집해 발행한다. 2019년 5월 조명하 의사 의거 91주년을 맞이해 타이베이 한교학교에 동산이 새로 제

---

01. 이 약전은 중화민국한교협회(中華民國韓僑協會)가 1987년 8월에 출간한 기념 책자에서 옮겨 2020년 편집한 내용임.
02. 조경래 : 전 상명여자대학원장.

작되어 제막식이 거행된 것이 그 계기가 되었다.

　우리는 이 약전을 통해 조 의사의 생애와 의거에 관한 생생한 역사적 사실을 알 수 있다(일부 내용이 2020년 12월 시점에 맞춰서 편집되었음을 알려드린다).

01. 조명하 의사의 이력

　조명하 의사(이하 '조 의사'라 칭한다)의 이력은 다음과 같다.

　1904년 4월 8일(음) 황해도 송하군 하리면(下里面) 장천리(長泉里) 310번지에서 아버지 조용우(趙鏞禹, 본관 함안)와 어머니 배장년(裵長年) 사이에 명제(明濟), 명하(明河), 명근(明根), 명현(明賢), 명옥(明玉)의 4남 1녀 중 차남으로 출생했다.

　1911년부터 1914년까지 황해도 송화군 풍해면(豊海面) 성상리(城上里)에 거주하는 한학자(漢學者) 전삼풍(全三豊)으로부터 3년간 한학을 배웠다.

　1914년 황해도 송하군 풍해면 풍천(豊川)보통학교(4년제)에 입학해 1918년 졸업했다.

　1918년 황해도 송화군 송화에서 6년제인 송화보통학교 5학년에 편입해 1920년 졸업했다.

1920년부터 1926년까지 송화읍에서 한약방을 경영하는 친족 조용기(趙鏞基)로부터 한양 처방 조제 기술을 배웠고 강의록에 의한 외국어(영, 독, 불) 공부에 전력했다. 그 덕분에 영어, 독어, 불어 독해는 물론 통상 회화가 가능했다.

1925년 20세 때 황해도 송화군 진풍면(眞風面) 태양리(太陽里, 이웃 면 고리게마을)에 사는 오금전(吳金全)과 결혼했다.

1926년 3월 황해도 신천군청(信川郡廳)에 서기임용시험에 합격했고, 동년 신천군청 서기에 임용되었다.

1926년 7월26일 조 의사와 오금전 사이에 유독자 조혁래(趙赫來)가 태어났다.

1926년 9월 3일 황해도 신천군청 서기를 사임하고 도일(渡日)했다.

1926년 9월부터 1927년 11월 도일해 오사카(大阪)에 정착하면서 전지(電池)제작소, 아다치(安達)메리야스 공장, 또는 상점원으로 전전하면서 오사카상공전문학교 야간에서 수학했다.

1927년 11월부터 1928년 5월 14일 타이완에 건너가 타이중시(臺中市) 영정(榮町, 현재 계광로(繼光路) 52번지) 소재 부귀원(富貴園, 현재 남원<南園>)이란 차포(茶鋪)에 기숙하며 차농장 기사로 일하면서 차 배달 업무도 했다.

1928년 5월 14일, 일본 황족이자 당시 육군대장인 구니노미야(일본 쇼와 천황 히로히토의 장인)가 타이완 주둔 일본군 특별검열사(特別檢閱使)로 파견되어 타이중 주둔 일본군의 검열을 마치고 타이베이로 향했다. 구니노미야의 승용차는 타이중역(臺中驛)으로 향하던 시립도서관(현 합작금고 모퉁이) 앞에서 천천히 가고 있었다. 이 때 조 의사는 많은 환영인파와 경비원 사이에 숨어 있다가 커브 길에서 서행하는 승용차에 뛰어올라 구니노미야를 자격(刺擊)했고 현장에서 체포되었다.

조 의사는 현장에서 헌병들에 의해 체포되면서 "대한민국만세"를 크게 외치고 "대한을 위해 복수한 것"이라고 그의 자격 이유를 많은 군중 앞에서 소리치며 알렸다. 그는 곧 타이중경찰서 지하실 형사과에 수감되었다. 이 경위는 당시 타이중에 거주하던 한국교포 한봉문과 타이완인 일본 경찰 임문향(林文香)이 증언한 내용이다.

1928년 5월 14일부터 7월 18일까지, 일제는 조 의사를 현장에서 체포한 후 배후인물을 찾기 위해 사건보도를 통제했고 한국의 출생지를 비롯해 근무와 거주 사실이 있는 각지에 경찰부대를 파견해 수색했다. 이때 고향 가족은 많은 고통을 당했으며, 타이완 거주 한국인 역시 고통이 심했다. 타이완 거주 한국인들은 모두가 죄인 시 되었고 출입 통제를 당했기에 많은 한국인이 의분을 느꼈다고 한다.

1928년 7월 18일 일제는 조 의사의 의거는 배후인물이 없는 '단독 범행'으로 단정했다. 조 의사는 타이완고등법원에 설치된 특별공판에서 가네코(金子) 재판장으로부터 '황족위해죄'명으로 사형선고를 받았다(오전 9시 30분).

1928년 10월 10일 조 의사는 수감 중인 타이베이 형무소장 시즈하타(志豆機)의 사형집행 선언으로 오전 10시 12분 사형대에 올라 교수형으로 24세를 일기로 순국했다(사형집행 15분 후인 10시 27분 사체 확인).

검시가 끝나고 조 의사의 유해는 승려의 독경 속에 타이베이시 육장리(六張犁)형무소에 안장되었다.

1928년 11월 말 순국 후 월여(月余) 만에 타이완형무소로부터 유품이 송화군 하리면 지서의 경찰로부터 전달되었다. 이 유품의 인수로 조 의사의 가족은 사형이 집행되었음을 비로소 알게 되었다.

유품은 붉은색 가죽가방에 가득히 들어 있었는데 유품목은 양복 두 벌, 흑색 구두 한 켤레, 내의, 명함 2통(아케가와 도요오<明河

제1장 조명하 의사 약전

豊雄>로 기재, 한 통은 반 정도 사용, 한 통은 사용치 않은 것) 등이 들어 있었다.

1929년 3월 유족들은 타이완형무소로부터 조 의사는 사형된 후 한국식 장례를 치뤄 안장시켜 놓았으니 유해를 가져가라는 통보를 받았다. 이 통보로 조 씨 문중회를 열고 2명의 여비를 각출하고 타이완 총독부에 2명의 친족, 형 조명제, 친척 조종복(趙鍾福)을 보낼 것을 통보했다.

1929년 9월 타이완 총독부 측은 두 사람이 오면 비용이 많이 드니 유해를 잘 봉안해서 발송할 터이니 비용 260엔을 보내라는 통보를 했고, 그대로 송금했다. 당시 일반 공원(工員)의 월급이 20~30엔의 시대였다.

1931년 2월 유족은 배편(船便)으로 유해를 발송했다는 통보를 받았다.

1931년 4월 황해도 송화군에서 가장 가까운 해주 서해안 옹진군 소강(蘇江)이라는 곳에 조 의사의 유해가 도착했다는 통보를 받고 동생 조명근이 모셔왔다. 보내온 유골은 큰 상자에 넣어 골부분의 설명서와 함께 보내왔다. 이상은 장질(長姪) 조성래(趙成來)의 증언이다.

이로써 조 의사는 고향을 떠난 지 만 4년 6개월, 순국한 지 2년 6개월 만에 말 없는 유골로 환국했다.

유해는 종중회의에 의해 종중묘지에 안장하려 했으나 경찰의 제지로 고동묘지인 송화군 하리면 장천리 묘지에 안장했다.

1951년 6·25 전쟁, 1·4 후퇴 때 유독자 조혁래는 가족과 더불어 월남했다.

1963년 3월 1일 조 의사에게 대한민국 정부로부터 건국공로훈장(국민장)이 추서되어 국립묘지에 유해 없는 묘지가 마련되었다.

1978년 5월 14일 조 의사의 의거 현장인 타이완에 현지 교민들과 국내 유지들의 성금으로 조 의사 동상이 건립되었다. 동상은 타이베이 한국교민학교 교정에 세워졌다.

1987년 조 의사의 유독자 조혁래와 자부(子婦) 조소담(趙小淡) 사이에 경환(京煥), 정환(正煥), 국환(國煥), 명희(明姬), 순희(順姬), 연희(妍姬)를 비롯해 장질 조성래 등 가까운 친족들이 서울에 살고 있다(당시).

의거 현장에 동상 건립(1978) 후 '조명하 의사 기념사업회'가 조직되어 국내 동상 건립을 위해 노력 중이며 유족의 노력으로 동상 건립 자금도 거의 마련되었다.

1987년 8월 서울특별시장으로부터 서울대공원에 동상 건립 부지 허가 통보를 받았다.

1988년 5월 14일 의거 60주년을 맞이해 동상 건립을 추진, 한국일보사가 건립했다.

趙明河義士心像

▲ 조명하 의사 관천 동상

02. 조명하 의사의 가문

조 의사의 본관은 함안이며 '濟(제)'자 행렬로 조 의사는 고려 시대의 대장군이었던 시조 조정(趙鼎)의 29대손에 해당된다. 함안 조 씨 가문은 그 성품이 대체로 강직하고 보수적이며 문력(門閥) 이래 조선왕조 5백년의 오랜 세월을 거치면서 큰 벼슬이 그리 많지 않으나 벼슬함에 있어서 그 충(忠)과 용(勇)이 남달리 뛰어났다. 또한 그 절(節)이 곧기로 이름나 의(義)에 굽힐 줄 몰라 때에 따라 우직하다는 세평을 듣기도 했다. 그리고 '효제충의(孝悌忠義)'를 가문의 신조로 삼아왔다.

따라서 그 강직하고 고고한 성품의 자세는 주변 사람들로 해금 시의를 모르는 고집불통의 충직한 평판을 자인하면서도 고칠 줄 모른다는 것이다. 이러한 문력은 조선 시대의 숙종(肅宗) 시 20여 년간에 육조판서를 두루 거친 조중회(趙重晦)를 비롯해 충신이 많았다. 그 예로 13충(전서공(典書公), 고죽재(孤竹齋), 덕곡(德谷) 등)을 비롯해 우리가 잘 아는 단종(端宗) 때의 생육신(生六臣)의 한 분인 어계(漁溪, 조려<趙旅>) 선조도 그런 분이다.

조 의사도 이러한 문력을 이어받았는지 강직한 성품은 남달리 뛰어나 의에 굽힐 줄 모르는 불굴의 의지의 인물로 일제 침략에 의분해 조국 광복을 위해 순국했다. 조 의사의 부친 조용우도 한학에 조예가 깊었을 뿐만 아니라 역사 지식이 풍부해 항상 자녀들에게 조국의 수난사를 일깨워 주었으며 일제 침략에 대한 민족의 서러움을 자녀들에게 설명해 주었다고 그의 장질 조성래는 증언했다.

그뿐만 아니라 조 의사의 8대조(시조로부터 18대손)인 조형(趙衡, 자 평중<平仲>)은 선조(宣祖) 을미년 출생으로 왜란과 호란 때의 조국의 수난을 체험했으며 광해군 때(병진년) 무과에 급제했는데 광해군(光海君)의 패륜행위(살제폐모<殺弟廢母> 사건)에 분격하고 벼슬의 권유를 거절했고 인조반정(仁祖反正) 후에야 벼슬을 승낙할 정도로 도덕과 의협심이 강했다.

조형은 병자호란(1636) 때 청군이 침입해 서울이 함락되자 왕이 난을 피해 남한산성으로 이동하실 때 왕의 선전관(宣傳官)으로 왕을 지키면서 따라갔으며, 45일간의 항전에서 남한산성 내의 서성지역(西成之役)에서 고군분투해 많은 적을 사살했다. 그는 몇 번이나 죽을 고비를 넘은 용장이기도 했다. 이러한 공덕으로 병자호란 이듬해인 1633년 2월에 있었던 논공행상(論功行賞) 때 어모장군(禦侮將軍)이란 칭호를 받았으며 인조는 고신첩(告身帖, 일종의 사령장)에 '力戰(역전)'이란 두 글자를 써 주시어 포상하기도 했다.

그 후 어모장군은 회령판관(會寧判官), 남포현감(南浦縣監) 등의 벼슬을 역임했는데 특히 회령판관으로 재임 시는 호사(胡使, 청나라 사절)의 왕래가 심했고, 또한 이들은 많은 금품을 요구했다. 이러한 호사들의 만행에 분격해 어몽장군은 이들의 요구를 거절하는 대담성을 보여주기도 했다. 당시 이러한 호사들의 요구를 거절한다는 것은 매우 어려운 일로 그는 나라가 극도로 어려운 입장에 어떻게 그들의 요구를 들어줄 수 있느냐고 항거했기 때문에 결국 청나라로 소환되어 고충을 당하기도 했다. 이때 그는 청나라로 소환되어 조리 있는 답변으로 오히려 호사 일행이 중형을 받게 되었고 우리나라에 왕래하는 호사들의 행패를 영원히 막는데 크게 기여하기도 했다.

그 후 청의 세력은 날로 강성해졌고 명이 완전히 망하고 다시는 복권할 수 없음을 알게 되었다. 대국으로 오랫동안 섬겨왔고 조공해 온 명에 대한 절의를 지키기 위해 마지막 벼슬인 남포현감의 자리를 사임하고 고향인 황해도 송화에 돌아가 도연명(陶淵明)의 지조를 거울삼아 밤나무 대신 버드나무 다섯 그루를 향리에 심고 율리(栗里)라 칭하고 죽을 때까지 절의를 지켰다.

오늘날 황해도 송화군 율리면은 이러한 사연에서 유래한 곳으로 현재도 이곳에는 함안 조 씨의 문중이 번성해 만여 명이 살고 있다. 조 의사의 향리도 바로 이 후손들로서 선조들의 이와 같은 충과 용맹과 절의를 가훈으로 삼고 있었다. 따라서 조 의사의 충성심과 용맹성과 절의는 그의 가훈의 영향을 많이 받은 것이고 대대로 내려온 함안 조 씨의 문력의 전통이기도 하다.

그러므로 조국 광복을 위한 그의 충성심은 우연의 일치가 아니며 선조 대대로 물려받은 조국애가 깃들어 있다. 조 의사는 이러한 가훈을 항상 선친으로부터 들었으며 또한 동향인 애국지사 안중근(安重根), 이재명(李在明), 김구(金九), 노백린(盧伯麟) 등의 애국 애족의 정신을 항상 흠모해 왔다.

이러한 정훈(庭訓)에서 자란 조 의사도 용감했지만 무엇보다 그의 부친의 감화도 컸다. 즉, 조 의사의 부친 조용우는 아들 조 의사의 의거와 후일 타이완 특별재판소에서 사형 판결을 받고 형무소에서 교수형을 당했다는 소식을 듣고도 조금도 슬퍼하는 기색 없이 '사나이 대장부가 마땅히 해야 할 일을 하고 죽었다.'라고 술회하더라는 그의 장질 조성래의 증언은 훌륭한 가훈을 뒷받침하고 있으며 조 의사의 의거는 단순히 일어난 것이 아니라 이미 그의 성장 과정에서 마음 깊이 굳어 있었다고 보아야 한다.

특히 당시의 국제정세는 약소민족에 대한 해방과 일제 침략에 대한 조국해방운동이 국내외적으로 활발했고, 특히 상하이 임시정부의 독립투사들이 해외 각지에서 활약하고 있었던 때라 약관 조 의사의 가슴에는 그러한 문력과 가훈은 그로 하여금 가만히 있게 하지 않았고, 그의 향촌의 신천군 서기직은 앞으로 그의 활약의 기반이 되었고 동료들을 규합하는 장소이기도 했다.

어떻든 그의 의거로 인한 순국은 애국애족의 전통적 가문의 영향과 당시의 일제 침략으로 조국의 수난에 의분을 느낀 나머지 수행된 결과이며 무엇보다 전통적 가문의 배경을 높이 평가해야 한다.

03. 조명하 의사의 유년 시절(1905~1920년)

조 의사는 1905년 4월 8일(음) 애국지사들이 많이 배출된 황해도 송화군 하리면 310에서 부친 조용우와 모친 배장년 여사의 4남 1녀 중 차남으로 태어났다. 위로 백씨(伯氏) 명제, 아래로 명근, 명현, 명옥이 있었다. 우연의 일치인지 모르지만 그의 출생일이 바로 석가탄생일이며 그의 의거 50주년을 맞아 의거 현장인 타이완에 동상을 제막한 1978년 5월 14일(양)이 바로 그의 74세 생일이며 석가탄생일이었다. 그리고 조 의사의 의거일이 1928년 5월 14일(양)인데 50년이 흐르는 동안 양력으로 5월 14일이 음력으로 4월 8일(석가탄생일)인 그의 생일과 일치한 적은 한 번도 없었다. 참으로 신기한 일이다.

조 의사는 어려서부터 남달리 청명하고 학문을 좋아했고, 그 성품이 강직하고 의협심이 높아 주위 사람들의 칭송과 귀여움 속에서 자랐다. 전술한 바와 같이 조 의사는 부친 조용우의 명석한 두뇌를 이어받은 듯하고, 어릴 때부터 아버지로부터 한학뿐만 아니라 일제 침략은 물론 과거의 조국 수난사에 대해 많은 설교와 감화를 받아 깊은 지식을 얻었다. 조 의사는 철이 들면서부터 아버지가 기초한학을 깨우쳐 주었기에 대단히 지혜로웠다.

6세가 되던 해부터는 부친이 조 의사에 대한 보다 엄한 교육의 필요성을 느껴 부친의 친구인 이웃면인 송화군 풍해면 성상리에 거주한 한학자 김삼풍에 부탁해 조 의사로 하여금 3년간 한학을 수학하게 했다.

이 기간 동안 조 의사는 모두 연상인 다른 아이들에 비해 남달리 총명했고, 기억력이 좋아 한 번만 들으면 잊지 않아 응용력도 대단했다고 한다. 그리고 함께 공부하는 다른 아이들보다 항상 노는 시간이 많았는데도 성적은 가장 우수했다고 주위 사람들이 증언하는 것으로 보아 가히 영재였음을 알 수 있다.

이러한 그의 총명하고 학문을 좋아하는 그의 재능에 놀라 그의 부친은 가난을 무릅쓰고 풍천에 있는 4년제 보통학교에 9세 되던 해에 조 의사를 진학시켰다. 그리고 멀리 송화읍에 있는 6년제 보통학교를 마치게 했다. 당시의 교육으로는 기초한학을 수학하는 것이 일반적이었을 뿐, 이른바 신교육기관인 보통학교에 진학한다는 것은 학비도 비싸고 어려운 일이었는데 그의 부친은 아마도 조 의사가 장차 큰 인물이 될 것을 미리 예측했을 것이다.

장질 조성래의 증언에 따르면 조 의사의 부모는 자기와 조 의사의 형 조명제는 가난으로 진학시키지 못했지만 조 의사의 청명호학의 두뇌는 저버릴 수가 없어 장차 훌륭한 인재가 되리라는 확신을 갖고 어려움을 무릅쓰고 진학에 온 힘을 기울였다는 것이다.

조 의사는 보통학교에 진학하는 과정에도 남달리 성적이 우수했고, 사고방식이 어른다워 장차 대성할 수 있는 인물이 되리라는 주위 사람들의 칭찬을 받았으며 특히 풍천보통학교 4학년 때의 담임 고익균(高益均) 선생으로부터 남다른 사랑을 받았다. 고 선생과는 해외 활동을 하면서 항상 연락이 있었고, 의거 직전까지 편지가 왕래되었으며 의거의 암시 정보를 백씨인 명제 씨에게 은밀히 제보했다고 조 의사의 장질 조성래는 증언했다.

이러한 점으로 보아 조 의사는 4학년 때 담임 고익균 선생으로부터 많은 감화도 받았고, 또 그의 의지의 꿈을 고 선생과 미리 상의했을 것으로 짐작되는데 그가 6·25 전쟁 때 월남치 못해 그 증언을 들을 수가 없어 필자는 유감으로 생각할 뿐이다.

그리고 장질 조성래의 증언에 따르면 조 의사의 어머님이 조 의사를 낳기 전날 밤에 큰 독수리를 본 꿈을 꾸었다는 태몽은 조 의사의 의거를 예고한 것이 아닌가 생각한다.

이와 같이 조 의사는 어린 유년 시절부터 탁월한 두뇌와 강직한 성품, 명석한 판단력, 의지의 성격의 소유자였음을 알 수 있고, 거기에다 대대로 내려온 가문의 전통적 교훈과 부친의 교화와 당시 일제하의 민족적 서러움과 황해도 출신의 많은 애국지사들의 배출은 조 의사로 해금 애국심을 기르게 한 원동력이 되었다.

이에 조 의사의 활동무대가 빨리 도래해 그의 더욱 큰 웅비의 나래를 펴지 못함이 한편 아쉬운 감도 없지 않으나 당시 일제의 원흉으로는 더 큰 인물이 없었다는 점으로 보아 왜적에게 이보다 더 간담을 서늘하게 한 사건이 없었으므로 조국 독립을 크게 앞당기게 했음은 분명한 사실이다.

04. 조명하 의사의 소년 시절(1920~1926년)

조 의사는 1920년 3월, 6년제인 송화보통학교를 우수한 성적으로 졸업하고 송화읍에서 한약방을 경영하는 친척 조용기 댁에 유숙하면서 한약 처방과 조제를 습득했다. 이러한 고용 업무를 충실히 수행하면서 강의록에 의한 더욱 수준 높은 학구열을 발휘했다. 특히 조 의사는 외국어(영어, 독일어, 불어, 일본어) 학습에 주력했는데 각 국어의 해독은 물론 기초회화가 가능했고, 특히 일어는 잘 습득했다. 이러한 그의 외국어 습득의 사실을 통해 장차 그가 활동무대를 국내보다 국외로 넓혀서 조국의 수난사를 역설하고 조국 광복을 쟁취하려는 굳건한 의지가 그의 가슴을 용솟음치고 있었음을 알 수 있다. 더욱이 당시 상하이 임시정부에서 국제무대에 참석해 일제 침략의 부당성을 열강들에게 역설하고 있었던 때라 조 의사는 무엇보다 외국어 습득은 의사소통에 필수적이라 느꼈기 때문이다.

더욱이 조 의사가 보통학교를 졸업한 해가 1920년이니 1919년의 전국을 진동시킨 3·1 운동이 아직 전 국민의 가슴에 가라앉기 전이어서 당시 16세인 조 의사의 가슴에도 일제의 탄압과 횡포에 대한 분노가 가득 차 있었음은 물론이다. 또한 조 의사는 동향인인 안중근 의사와 매국노 이완용을 살해하려고 시도한 이재명 열사 그리고 애국지사인 노백린 장군에 의한 감화가 컸다.

이러한 감화와 자극 속에 아직 나이 어린 조 의사는 성장의 시기를 고대하며 한약방에서 업무의 책임을 충실히 이행하면서 강의록에 의한 독학과 함께 각고면려(刻苦勉勵)하며 꿈을 키워나갔으며 자질 향상에 주력했다. 조 의사가 한약방에 근무하는 동안에도 그의 성실성은 유별했고, 잠시의 시간만 있으면 강의록에 의한 면학의 정신은 굳건했다. 때로는 깊은 상념에 잠기기도 했다는 주변의 증언은 조 의사가 장차 대성할 인물임을 암시한다.

그뿐만 아니라 조 의사는 가정에서도 선친에 대한 존경심과 효의 정신이 남달리 강해 1925년(20세) 부친의 요청을 저버리지 않고 이웃 면(송화군 진풍면 태양리 고리게 마을)에 사는 오금전과 결혼했다. 당시 20세인 조 의사의 나이는 결혼 연령이었으나, 결혼을 할 여건이 되지 못했다. 엄한 부친의 요청에 받아들이지 않을 수 없었다고 주변 사람들은 증언하고 있음을 볼 때 엄격한 가정교육의 한 단면을 엿볼 수 있다.

조 의사는 결혼 후에도 가정에서의 신혼생활을 할 여념 없이 근무지인 한약방에 기거하면서 월 2~3회 고향에 다녀올 뿐 강의록에 의한 외국어 공부에 전념했다. 그러던 중 1926년 3월 황해도 신천군청에서 지방서기 임용시험(지금의 지방공무원 채용시험)이 있음을 알게 되었다. 조 의사는 좀 더 폭넓은 사회에서 견문을 넓히고 공부한 실력도 겨루어 보고 많은 사회 인사들과의 접촉도 가질 수 있음을 감지하고 임용시험에 응시하기로 했다. 당시의 군청 서기 임용시험에 합격한다는 것은 상당히 어려운 일이었고, 관료주의 사회에서 관직에 들어간다는 것은 젊은이들의 선망의 대상이었다.

조 의사는 합격의 영예를 안게 되었으며 이러한 공직생활에서 그의 활동무대는 넓어졌고, 그의 꿈이 실현의 계기를 맞이하였다. 이때 스물 두 살의 조 의사는 젊음의 웅비의 꿈을 실현할 때였다. 즉, 국내외 정세를 비판하기도 하고 동료들과 조국애에 대한 토론과 대한 남아로서의 할 일이 무엇인가를 결심하기도 했다. 더욱이 일제식민지 하에서의 수탈정책을 체험하게 되어 의분을 느끼기도 했다.

05. 의지의 꿈속의 공직생활과 청년 조명하 의사

신천군청 서기로 임용된 약관 스물 둘의 조 의사는 이제 그의 강직한 성품과 가훈을 배경으로 그의 꿈의 의지가 굳어갔다. 더욱이 젊은이로서 불의 하에 굴할 수 없음과 조국의 시련을 보고만 있을 수 없는 용기를 갖게 되었다. 그리하여 그는 동료들과 토론을 하는 등 동료들을 규합하는데 심혈을 기울였다.

평소 과묵한 성격이지만 시국을 토론함에 있어서 논리가 정연했고, 항상 의분을 느끼곤 했다. 무엇보다 어릴 때부터 들어온 조국의 수난사와 일제 침략의 부당성에 울분을 터뜨리곤 했다.

더욱이 당시의 국내 정세는 일제에 대한 국민의 분노가 더욱 확대되어 반일운동이 노골화된 때였다. 순종(純宗) 황제의 의혹의 죽음으로 6·10 만세 사건이 일어났고, 송학선(宋學善)의 의혈 사건, 나석주(羅錫疇) 열사의 동양척식회사(東洋拓殖會社)와 식산은행(殖産銀行) 폭파사건 등 민족의 분노가 작열하던 때라 조 의사의 젊은 가슴에도 일제에 대한 분노가 용솟음치고 있었다.

이러한 국내 정세는 조 의사를 신천군청의 한갓 서기로만 가만히 몸담고 있게 하지 않았다. 조 의사는 군청에 근무하면서 동료와 측근 인사들에게 항상 자기의 포부를 피력했다. 특히 그들 중에서도 동료 선배인 여중구(呂仲九)와 가까웠고, 의거 이후에 밝혀진 사실이지만 함께 근무하던 그들에게 조 의사는 항상 대화 중에 자신의 웅비한 꿈을 말하고 토론을 했다는 것이다.

후일에 밝혀진 사실이지만 조 의사가 군청 서기를 사임하고 일본으로 향했을 때 여중구 등 6명이 여비를 마련해 주었고, 조 의사의 장도(壯途)를 격려했으며 이들과는 자주 편지 왕래가 있었으나 항시 편지는 보고 난 후 찢어 없애버리라는 내용이 있었다는 것이다.

조 의사는 신혼의 기쁨도 잊은 채 신천읍(信川邑)에 하숙하면서 월 2~3회 정도 100여 리나 되는 향리를 토요일과 일요일을 이용해 잠깐씩 다녀갈 뿐이었다. 집에 돌아와서도 신혼인 부인에게는 그의 웅비의 꿈이라든가 공직에 대한 말은 전연 없었다고 부인은 증언했다. 필자가 1987년 봄에 인천에 생존하고 있는 부인을 찾아 당시 조 의사의 태도와 오고 간 얘기들을 들었으나 과묵하고 강직한 그의 성품은 항상 어떤 결심이 주어진 듯 일체 그의 장래 계획과 꿈은 말하지 않았고, 남편으로서 할 일을 못하고 있었을 뿐이라는 말뿐, 그의 의거 후에 생각해보니 그의 말 가운데는 항상 말 못할 그의 결심이 숨어 있었음을 이해하게 되었다고 한다.

따라서 조 의사는 부인에게 따뜻한 사랑도 주지 못했고, 또한 부인으로부터도 따뜻한 사랑의 애정을 느끼지도 않은 엄한 엄친슬하에서 굳은 의지의 꿈만 기를 뿐이었다. 오직 대한독립을 위한 일제의 처단만이 그의 가슴을 용솟음쳤고, 성품 그대로 의

지와 집념의 인물이었다.

신천군청의 서기직 6개월은 그의 꿈을 키운 기간이었고, 동료를 규합하는 기간이었으며, 그의 활동무대를 찾는 기간이었다. 그리고 이 기간 중 신혼생활의 부인을 위로하는 기간으로 월 2~3회의 귀향은 이를 입증하고 있다. 이러한 그의 꿈은 결국 이역(異域)에서 그의 활로를 개척하게 했다. 그리하여 조 의사는 웅비의 꿈을 안고 동료들의 환송 하에 괴수의 나라 일본으로 건너가게 되었다.

이때가 1926년 9월 6일(음)로 불과 6개월의 신천군 서기직을 청산하게 되었는데 앞에서도 언급한 바와 같이 이 기간이야말로 그의 가슴에는 파란만장한 계획과 꿈과 의지가 교차되는 숨가쁜 기간이었음은 말할 나위가 없다. 이제 막 결혼한 사랑스러운 부인도 생각해야 했고, 또한 갓 태어난 아들을 버려두고 영원히 불귀의 객이 될지 모를 이역으로 떠난다는 것이 일반인으로서는 생각할 수 없는 의지의 청년이었다.

다시 말하면 약관 22세인 당시의 조 의사는 신천군청의 서기생활 6개월은 일제의 식민지정책에 대한 뼈아픈 체험 기간으로 모든 것을 잊어버리고 오직 조국 광복의 신념만이 그의 생활의 전부를 불사르려는 의지 확립의 기간이었다.

06. 모친과 측근에 뜻 알리고 출가

비록 6개월이란 짧은 신천군청 서기 기간이었지만 조 의사는 많은 동료를 사귀면서 그의 뜻을 그들에게 알렸다. 저녁이면 깊은 상념에 잠기면서 조국 광복을 위한 설계를 했다. 때로는 말 없는 침묵의 시간이 흐르기도 했다. 이미 결혼을 하고 자식까지 두었으니 그 상념인들 오죽했겠는가? 그러나 그의 굳은 의지는 그러한 가정을 초월한 지 오래였다.

1987년 생존해 있던 그의 부인의 증언에 따르면 월에 2~3회 정도의 만남이지만 항상 무엇인가 계획을 하고 있는 듯했으며 때로 침묵의 시간이 끝나면 침통한 표정으로 아내를 위로하는 표정이었다는 것이다. 그러나 그의 어떤 계획은 절대로 말하지 않아 공연히 눈치만 볼 뿐이었다.

그도 한 인간이었기에 부모에 대한 효성과 앞으로 태어날 자식과 부인에 대한 애착이 없을 리 없었다. 그러나 그의 굳은 뜻은 아무도 가로막지 못했다. 결심의 그날은 자꾸만 가까워 왔다. 때는 1926년 9월 6일(음)의 일이다.

평소 조 의사는 월 2~3회 정도 토요일 오후에 100여 리가 되는 고향에 들러 하룻밤을 쉬고 일요일 오후이면 근무지인 신천으로 떠났다. 그런데 이날은 근무지로 떠나지를 않고 집에서 깊은 상념에 잠겨 있었다. 이때 조 의사의 부인은 수일 전 친가(조 의사의 처가댁 - 송화군 진풍면 태양리 고리게 마을)에서 조 의사의 오직 단 하나의 혈육인 아들 조혁래를 낳아 조리를 하고 있었다.

조 의사의 모친은 이튿날(월요일) 며느리의 출산 소식을 듣고 갓 태어난 귀여운 손자도 보고 산후에 필요한 물건을 마련해 사돈댁을 방문할 계획으로 바쁜 일정을 보내고 있었다. 이때 조 의사는 평소 같으면 벌써 근무지인 신천으로 가야 하는데 가지 않고 자기 방에서 무엇인가 골똘히 상념에 잠긴 눈치였다. 이튿날(월요일) 날이 밝아올 때까지는 조 의사는 밤잠을 제대로 이루지 못한 모양이었다. 마지막 작별의 하루이니 조 의사의 심정인들 오죽했겠는가?

이튿날 아침에도 조 의사는 근무지로 갈 생각을 하지 않고 자기 방에 누워있었다. 어머니가 하루 전에 장만한 물건(해산 후에 가져갈 물건 - 미역, 아기 포대기, 아기 옷자락 등)을 가지고 사돈댁을 향하려 하자 조 의사는 어머니와 힘께 자택에서 삼십 리 거리에 있는 처가댁을 가길 원했다. 조 의사는 어머니와 함께 삼십 리의 시골길을 걸어가면서 어머님께 작별의 얘기를 한 것이다.

자세한 얘기를 하지 않고 그저 "큰 볼일이 있어 멀리 좀 떠나야 합니다."라고 처음으로 입을 열었다. 이때 어머님은 "멀리 가려면 여비도 마련해야 하는데 어디를 갑자기 떠난다는 것이냐?"라고 외국행의 눈치를 채고 반문했다. 당시 우리나라에서는 젊은이들의 일본, 타이완 등지로 돈 벌기 위해 많이 갔을 때라, 직감적으로 일본을 가려는 것으로 알았다는 것이다. 이때 조 의사는 "여비는 친구들이 마련해 준다고 했으니 아무 걱정 할 필요가 없습니다."라고 대답했다. 조 의사의 얼굴은 굳어졌다. 다시는 불귀의 몸이 될지도 모르는데 어머님께만은 알리지 않을 수 없었다.

어머님은 그제야 근무지인 신천으로 가지 않은 이유를 알았다. 총총히 모자의 발걸음은 무거워지면서 침묵의 순간이 계속되었다. 조 의사의 가슴에는 이제 떠나면 또다시 어머님을 보게될지도 모를 일이고 또한 사랑하던 부인이 귀여운 아들을 낳고 몸져 누워 있는 모습과 귀여운 아들(혁래)의 모습을 환상으로 그렸다.

그 순간 마을 앞에 도착했다. 이때 조 의사는 한참의 침묵의 순간을 깨고 "어머님 그럼 안녕히 계십시오. 저는 곧 신천으로 가겠습니다."라고 말하는 것이 아닌가. 이때 어머님은 "아니 여기까지 왔는데 처갓집에 가서 부인도 보고 아기도 보아야 된다."

라고 함께 갈 것을 권유했다.

그러나 조 의사는 "아니올시다. 저는 곧 신천으로 가야 합니다. 안녕히 계십시오."라고 하면서 곧 발길을 돌려서 오던 길을 향했다. 이것이 조 의사가 마지막 남긴 어머님과의 혈육 간의 대화였다. 어쩌면 그렇게 냉정할 수 있었을까? 집 앞까지 와서는 사랑하는 부인이 귀여운 아들을 낳고 몸져 누워 있는데 얼굴도 보지 않고 가다니…, 얼마나 부인이 섭섭했겠는가? 그러나 조 의사의 심정인들 왜 그런 마음이 없었겠는가?

아마도 조 의사는 사랑하는 아내와 이제 막 태어난 아들을 보게 된다면 자신의 의지가 약해지리라는 것을 직감했으리라. 인정에 쏠리려는 감정을 억누르고 혀를 깨 물었을 것이다. 나라를 위한 일편단심에 혈육의 정을 저버린 것이다. 조 의사는 부인과 사랑하는 아들이 함께 누워있는 집을 눈앞에 바라보며 어머니와 작별하고 처가댁을 뒤로 하며 자택으로 돌아와 간단한 짐을 챙겨 신천으로 향했다.

이러한 어머님과의 대화는 후일 조 의사가 사형된 후 조 의사의 장질 조성래가 조 의사의 어머님으로부터 들은 이야기다.

조 의사는 신천에 도착한 후 동료 선임자인 여중구 등 6명이 마련해 준 여비를 갖고 서울을 거쳐 부산에 가서 배편으로 적지인 일본으로 향했다. 참으로 의지의 남아 조 의사의 주먹은 철통같이 굳어 있었고, 눈앞에는 오직 적 괴수의 목이 작열할 뿐이었다.

사실 당시 조 의사 댁에서는 조 의사가 일본으로 떠난 것도 모르고 있었다. 몇 주가 지나도록 소식이 없어 형 조명제가 신천군청을 찾아가 조 의사와 함께 근무한 여중구로부터 "큰 뜻을 품은 명하에게 우리 6명이 돈을 모아 일본에 갈 여비를 마련해 주었다."라는 대답을 듣고서야 일본으로 갔다는 것을 알게 되었다.

그 후 월 여 만에 조 의사로부터 편지가 날아들었다. 그 내용인즉 일본 오사카에 와서 잘 있으니 걱정 말고 이 편지는 보고 곧 찢어 없애거나 불에 태우고 답장은 결코 쓰지 말라는 것이었다. 이때서야 일본에 간 것을 확인했고, 그 후 월 1회 정도 자기 소식만 전하고 역시 답장하지 말고 편지는 없애버리라는 내용이었으며 지금 유족이 갖고 있는 조 의사의 사진도 이때 보내온 것이다.

07. 웅비의 꿈을 안고 원수의 나라 일본에서의 활약

조 의사는 신천군청 재직 시 동료인 여중구 등 6명이 거출해 준 여비를 갖고 1926년 9월 6일(음) 22세의 약관단신(若冠單身)으로 웅비의 꿈을 안고 적지 일본으로 건너갔다. 배편으로 시모노세키(下關)에 도착해 각지를 유랑하다가 오사카에 정착했다. 속담에 범을 잡기 위해서는 범의 소굴인 산에 들어가야 한다는 격으로 일제의 원수를 갚기 위해 일본으로 건너간 것이다. 조 의사는 항상 동향인 안중근, 이재명 의사의 인격과 의거를 존경해 왔던 때라 일제의 괴수를 반드시 자신의 손으로 처단해 민족의 이름으로 응징할 것을 결심했다.

그리고 일본에서의 그 꿈의 실현이 어려울 때는 활동무대를 바꾸어 한일합방 이래 조국 광복의 본거지인 망명정부가 있는 상하이 임시정부에 가서 웅비의 꿈을 피력하고 그간에 익히고 닦은 외국어 실력으로 국제무대에서 일제의 만행을 규탄하고 조국 독립에 헌신할 차선책까지 마련하고 있었다.

조 의사가 적 괴수가 있는 도쿄가 아닌 오사카에 정착하게 된 것은 그만한 이유가 있었다. 우선 숙식이 도쿄보다 공업지인 오사카가 유리했고, 일본의 사정을 잠시나마 알아야 했고, 차선책인 상하이 임시정부로 가기 위해서는 고베(神戸)에서 출발하는 배편을 이용하기가 쉬웠기 때문에 고베에서 가까운 오사카에 정착하게 된 것이다.

의거 후 보내온 유품에서 밝혀진 사실이지만 조 의사는 고향을 떠나 서울을 거쳐 부산을 떠나면서부터 일본인으로 가장했다. 그것은 일본어가 능통했기 때문에 가능했다. 조 의사가 일본인 행세를 함으로써 교통과 취업, 활동에 보다 유리했을 것이다.

조 의사는 부산을 떠날 때 '아케가와 도요오'란 이름으로 명함을 찍어 일본인 행세를 했다(유품에 남아 있었음). 그런데 아케가와 도요오란 사실은 막연히 일본인을 가장한 이름이 아니고 자기의 이름이 명하(明河)가 풍천(豊川)의 영웅(英雄)이란 뜻이 포함되어 있다는 신천군청 재직 시의 동료들의 말이었다. 따라서 조 의사의 일본 이름은 이미 풍천의 영웅이 되기 위해 조국 광복에 헌신하겠다는 굳은 의지의 표현이기도 하다.

그리고 조 의사의 목적지가 일본이라기보다 상하이 임시정부였다는 생각도 든다. 그것은 당시 동향인 노백린 장군이 상하이 임시정부에서 활약하고 있었다는 것을 잘 알고 있었기 때문이다. 그러므로 상하이로 가기 위해서 기회를 엿볼 겸 여비를 마련할 수단으로 오사카에 잠시 정착한 것이 아닌가 생각한다.

조 의사는 우선 의식주를 해결하기 위해서 오사카에 있는 전지제작소, 아다치메리야스 공장 등에서 일을 했고, 상점원으로 있으면서 야간에는 상공전문학교에서 수학하기도 했다. 이때에 조 의사는 월 1회 정도 부모님과 신천군청의 동료인 여중구 그리고 보통학교 은사인 고익균 선생(6·25 전쟁 시 인민군 후퇴 때 사살됨) 등에게 편지를 보냈다.

이 편지 내용은 한결같이 잘 있다는 것과 회답은 절대 하지 말고 보낸 편지는 읽고 보관하지 말고 즉시 불태워 없애버리라는 것이었다. 이것은 자기의 의거 후의 후환을 미리 예측한 것으로 자기로 인한 다른 사람에게까지 피해를 주지 않으려는 철저한 보안까지 생각한 내용이었다. 따라서 조 의사의 의거 후 공모자와 배후인물을 찾기 위해 일제는 조 의사의 가택은 물론 평소 가까이 지내던 동료, 친구, 스승들의 가정까지 수색했는데 아무런 증거물이 없어 어려움을 겪었다. 다시 말하면 조 의사가 체포된 후 배후인물의 색출을 위해 각지의 형사대가 파견되어 가택수색을 했는데 편지 한 장조차 발견된 일이 없어 조 의사는 완전한 '단독범'으로 재판에 임하게 되었다.

또한 증거품이 없어 부모와 가족들이 심한 심문과 구류는 당했지만 더 큰 고통을 받지 않은데 도움이 되었다. 조 의사는 자기의 편지는 전하면서 월 1~2회 항상 회답을 하지 말 것과 편지는 없애라는 정도로 효성이 지극했고, 우정이 두터웠고, 남편으로서 할 일을 잊지 않은 인물이었다.

그런데 편지는 자기 부인에게는 직접 보내지 않고, 반드시 부모님 편을 통해 안부를 물었다. 이것은 가장으로서 할 일을 못한데 대한 자책감도 있었지만 국가와 민족을 위한 그의 활동에 마음이 약해짐을 항시 의식했음이 분명하다. 다만 사진 한 장이 현재 남아있는 유일한 조 의사의 영상이며 후손에 물려준 유일한 유물이기도 한 것으로 유독자인 조혁래가 1·4 후퇴 때 고이 간직하고 남하했다.

그리고 사진은 보다시피 혼자 찍은 것이 아니고 세 사람이 찍은 것으로 두 명은 지금까지 누구인지 확인할 수 없다는 점이 유감이다. 이들의 신원이 확인된다면 조 의사의 활동 범위와 그 사상적 배경이 더욱 명백할 터인데 매우 유감이며 아마도 같은 생각을 한 동료임에는 틀림없을 것으로 짐작된다. 그리고 이 사진은 고향에만 보낸 것이 아니라 상하이 임시정부에도 보낸 듯하다. 그것은 조소앙 선생이 쓴 상하이 임시정부 발행의『유방집』(1933년 발행)에도 실려 있으며 의거 사실이 수록되어 있기 때문이다.

조 의사는 이렇게 모든 것을 면밀 주도한 계획으로 실천에 실천을 거듭한 철저한 인물로 1927년 11월 23세의 몸으로 또다시 일본을 떠나 최종 목적지인 상하이에 가기 위해 우선 타이완으로 떠나게 되었다.

1933년 조소앙 선생이 쓴『유방집』에는 조 의사의 사진과 의

거 내용 그리고 나석주, 이봉창(李奉昌) 의사의 사진과 의거 내용
이 함께 실렸다.

▲ 일본 유학 시절의 조명하 의사(왼쪽)

08. 의거 현지 타이중(타이완)에서의 활약

조 의사는 일본에서 적 괴수를 자신의 손으로 처단하고 민족의 이름으로 응징할 것을 결심했으나 그 기회가 여의치 않아 상하이 임시정부에 들러 활약할 것을 각오하고 한발 앞서 타이완으로 향했다.

이때가 1927년 11월, 조 의사의 나이 23세였다. 이는 한국을 떠날 때 이미 계획된 것으로 상하이로 가서 많은 애국지사들과 손잡고 세계무대에서 조국 독립에 헌신할 계획이었다. 그러나 상하이로 바로 가기에는 상황이 어려웠기 때문에, 비교적 용이한 타이완으로 먼저 갔다. 다시 말하면 상하이를 가려면 일본에서 다시 한국으로 돌아와 만주를 거쳐야 하는 힘든 여정이기 때문에 중국 대륙에 보다 가까운 타이완을 택한 것이다.

조 의사는 아케가와 도요오란 위장 일본인 행세를 하면서 배편으로 길웅(吉雄)에 도착해 타이중 영정에 있는 부귀원(현재 타이중시 계광로 52번지의 남원)이란 차포에 월 10위안(元)의 보수로 차엽농장 기사로 취업하면서 상하이로 갈 기회를 노리렸다.

의거 당시의 부귀원이란 건물은 현재 '남원'이란 간판이 붙어있었고, 2층 목조건물로 일락반점(一樂飯店)과 화궁리발청(華宮理髮

廳)이 함께 있었다. 오래된 낡은 건물이나 1987년에 그대로 보존되어 있음을 확인했다. 이 건물에 조 의사가 고용되었는데 낮에는 차 농장에서 주로 일을 했다.

필자가 1978년 자료 수집 차 이곳에 가서 확인했는데 그 증인은 당시 타이중 시 중산로(中山路) 75항(巷) 14호에 거주한 진이학(陳而學, 1908년생)과 양병왕(楊炳旺, 1905년생)이다. 이들의 증언에 따르면 당시의 조 의사 의거를 잘 알고 있었으며 큰 사건이었다고 말했다.

조 의사는 타이완에 와서도 월 1회 정도 부모님께 편지를 보냈는데 그 내용은 항상 안부를 묻고 자신이 잘 있다는 것과 일본에서와 마찬가지고 회답은 하지 말고 편지는 없애버리라는 것이었다. 그리고 타이완의 풍경이 기록되어 있었는데 그것은 한국은 겨울인데 타이완에서는 꽃이 피고 초록이 무성한 좋은 기후라는 내용도 쓰여 있었다. 이러한 편지를 마을 사람들이 함께 읽으며 이국에서의 조 의사의 생활을 부러워했다고 한다. 그것은 당시로서는 외국에 가는 것을 모두가 부러워했기 때문에 조 의사의 가족은 물론 마을 사람들이 참으로 장한 아들을 두었다고 칭찬했다. 조 의사의 가족들은 편지 내용대로 편지를 보고 그대로 소각했다.

조 의사는 부귀원이란 차포에 근무하면서 차 배달도 하면서 낮에는 차 농장에서 일했고, 타이완인 장천제(張天弟)로부터 농장 수림(樹林)에서 검도술을 배워 연마하기도 했다. 조 의사는 언제나 사용할 수 있게끔 보검도(寶劍刀)를 숫돌에 날카롭게 갈아 칼끝에 독극물을 발라 놓았다. 조 의사는 한약방에서 극약 조제술을 익힌 것이다. 그렇게 조 의사는 유사시 적 괴수를 저격할 기술을 배웠다. 이러한 그의 생활은 이미 계획된 단계의 하나로 볼 수 있으며 언제 어느 때 적 괴수를 만나더라도 능히 처단할 수 있는 기술의 연마과정이었다.

이렇게 조 의사가 자격 훈련을 하고 있을 때 타이완에 주둔하고 있는 일본군을 검열하기 위해 일본의 쇼와 천황 히로히토의 장인이며 황족이고 당시 육군대장인 구니노미야가 특별검열사로 타이완에 파견되었다. 당시의 타이완은 일본의 중국대륙 침략의 전진기지로서 일제에 있어 매우 중요한 위치에 있었으며 타이완 주둔 일본군을 검열한다는 것은 큰 중책을 띤 임무였다.

조 의사는 이러한 소식을 접하고 며칠 밤을 상념에 젖어 보내면서 잠을 제대로 이루지 못했다. 이곳에서 일본의 거물인 구니노미야를 처단하는 것과 상하이로 가서 독립지사들과 협의해 다른 기회를 노리는 것 사이에서 고민했다. 조 의사는 결심했다.

그는 상하이에 가더라도 이보다 더 큰 적 괴수를 만나서 처단하기 힘들 것으로 판단했다. 그리하여 조 의사는 이곳에서 그를 처단해 민족의 이름으로 응징할 것을 결심했다.

그리고 이때는 국내외적으로 우리 독립운동사상 매우 뜻 깊은 해이기도 했다. 일본의 니주바시(二重橋)에서 일본 천황을 폭살하려다 실패한 김지섭(金祉燮) 의사가 옥사(2월 20일)했고, 3월 25일에는 김구 등이 상하이에서 대한민국 임시정부의 핵심 정당인 한국독립당(韓國獨立黨)을 조직해 대일 항거에 조직적인 대열을 갖추던 때였다. 이러한 한국인들의 일본에 대한 항거운동과 일제로서는 대륙침략을 위해 산동성에 출병을 서두르고 있던 때여서 타이완 주둔 일본군의 검열은 철저했고, 또한 검열관의 신분적 위치로 보아 그 경계가 엄중했다.

이러한 엄중한 경계망을 뚫고 구니노미야를 저격한다는 것은 여간 어려운 일이 아니었다. 조 의사는 구니노미야의 동정을 예의주시하면서 기필코 이곳에서 처단할 것을 결심했다. 더구나 조 의사는 그간에 훈련을 재검토하면서 단도에 독약을 발라 만일에 즉사를 못 시키더라도 그 여독으로 죽이려는 계획까지 세웠다. 독약은 그가 한약방에 근무할 때 이미 습득한 것이나 장천제(검도술 선생)에게 검도술과 함께 습득했다.

이러한 만반의 준비를 끝내고 기회만 노리고 있을 때 때마침 구니노미야 육군대장이 1928년 5월 13일 타이중에 있는 일본군을 검열하고 지사관저에 일박하고 이튿날(5월 14일) 상오 10시 타이중 기차역(臺中汽車驛)에서 타이베이로 떠난다는 정보를 입수했다.

이러한 정보를 입수한 조 의사는 사전에 구니노미야가 지사관저에서 타이중역까지의 이동할 길을 답사하고 첩첩이 싼 경계망과 환영인파의 틈에 끼었다가 승용차가 서행할 수밖에 없는 커브 길에서 자격할 계획을 세우고 호시탐탐 시간만 가기를 기다리고 있었다. 조 의사의 가슴에는 더욱 피가 끓었고 자격 이후에 있을 모든 준비까지 끝내고 의연한 자세로 시간을 기다렸다.

09. 운명의 날, 1928년 5월 14일

조 의사는 의거 전일인 1928년 5월 13일, 그간의 차 농장의 수림에서 연마한 저격술인 칼 쓰는 법을 다시 익히고 단도를 숫돌에 날카롭게 갈아 칼끝에 독극물을 발라 자격하기로 했다. 만반의 준비를 마치고 절호의 기회만을 노리고 의혈을 뿌릴 것을 천지신명에 기원하고 자격의 성공을 기원하며 온밤을 뜬 눈으로 세웠다.

운명의 날 1928년 5월 14일, 조 의사는 아침 일찍이 자기에게 부과된 차 배달을 마치고 예리한 칼끝에 독극물을 많이 발라 가슴 깊이 간직하고 구니노미야 육군대장이 지나가는 타이중 시대정정(현 자유로<自由路> 이단<二段>) 도서관(현 타이완성 합작금고) 앞 길모퉁이에서 경비병과 환영 인파 틈에서 기회를 기다리고 있었다. 이곳은 타이완 지사관사(당시 구니노미야의 숙소)에서 타이중역으로 가는 커브길에서 환영 인파에 답례해 승용차가 속도를 줄일 것을 예측해 이곳에서 승용차에 뛰어올라 자격하려는 것이었다.

당시 구니노미야 대장이 지나가는 타이중 거리는 손에 일장기를 든 일본인들과 그 밖의 환영인파와 경비원으로 뒤덮여 있었다. 이 틈에 조 의사도 있었다. 운명의 시간 오전 9시 50분, 구니노미야 육군대장은 숙소인 지사관사를 떠나 무개차에 올랐다. 그 무개차는 삼엄한 일경의 호위와 기마대의 선도행렬에 뒤이어 도서관 앞으로 다가왔다. 조 의사의 눈에는 서광이 일고 손과 이마에는 땀이 흐르고 가슴에는 민족혼의 부르짖음이 고동쳤다. 운명의 순간인 1928년 5월 14일 오전 9시 55분, 구니노미야 대장이 탄 승용차는 도서관 앞에 이르렀다. 승용차는 좌측으로 핸들을 꺾으면서 잠시 속력을 늦추었다. 조 의사는 바로 이 순간을 기다렸다.

조 의사는 가슴 깊이 숨겨둔 칼을 뽑아 들고 연도의 인파를 헤치고 차도로 뛰어들어 범같이 몸을 날리어 구니노미야 대장이 탄 무개차에 올라 그의 목을 향해 힘차게 칼을 빼들었다. 아아! 이 일을 어찌하랴! 몹시 놀라 넋을 잃은 구니노미야는 엉겁결에도 여우같이 몸을 피하는 바람에 독극물을 바른 날카로운 칼은 구니노미야의 왼쪽 목 기슬과 어깨를 찌르고 이어 운전사의 바른쪽 손등을 찔렀다.

조 의사는 다시 칼을 뽑아 들고 목을 찌르려했으나 옆에 탄 시종 무관인 오누마(大沼)를 비롯한 경비왜병과 왜경들이 까마귀 떼처럼 몰려들었다. 그리하여 조 의사는 차 밑으로 떨어졌다. 다시 뽑아든 칼은 번쩍였다. 승용차는 조 의사를 길에 떨어뜨린 채 속력을 내기 시작했다. 조 의사는 칼을 달리는 구니노미야의 심장을 향해 힘껏 던졌다. 칼은 적중하지 못하고 길바닥에 떨어졌다. 너무나 순간적인 장면이었다. 아수라장이었다. 아아! 그는 우리 대한의 청년 조명하였다.

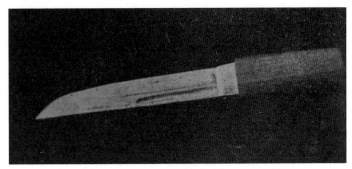
▲ 조명하 의사가 의거에 사용한 칼 (타이완도서관 사진 소장)

조 의사는 자격 후 접근하려는 왜병과 왜경 앞에서 '대한독립만세'를 힘차게 부르고 당황하고 있는 군중들을 향해 혼연히 웃음을 지으며 "당신들은 놀라지 말라. 대한을 위해 복수하는 것이다."라고 크게 외친 후 현장에서 태연하게 왜경에 의해 체포되었다.

얼마나 장하고 용감한 일인가? 이때의 조 의사의 나이는 약관 24세였다. 아아! 이날을 위해 조 의사는 얼마나 많은 분노를 터뜨렸으며 심신을 단련했겠는가? 참으로 우리의 선혈들은 조국 독립을 위해 이렇게 싸웠다. 많은 우리의 애국지사들은 조직을 갖고 배후인물이 있음이 특색이다. 그런데 조 의사는 그의 뜻은 주변 인물들에게 전한 바 있지만 완전한 단독 의거였다. 얼마나 갸륵한 일인가! 큰 뜻을 품고 상하이 임시정부로 가는 도중 이보다 더 큰 적 괴수를 만나기 힘들 것을 알고 처단한 것이다.

조 의사는 타이완에 온 후에도 노심초사 대한독립을 위해 '이 한 몸 바치려는 일편단심'으로 오직 한 길을 걸었다. 그의 생각대로 明河(명하)가 豐川(풍천)의 英雄(영웅)이 되기 위해 明河豊雄이란 일본인명의 설명대로 기회만 엿보고 있었다. 그는 구니노미야와 같은 일본의 거물을 차마 타이완에서 만날 수 있다는 것은 모르고 있었다. 따라서 구니노미야는 조 의사의 그물에 걸려든 것이다.

구니노미야는 일본의 스이코(崇光) 천황의 5대손이며 일본 천황 히로히토의 장인이자 당시 육군대장으로 독일 유학까지 다녀와 군사 참의관까지 지낸 일본 정계의 거물로 그 영향력이 대단한 인물이기도 하다. 당시 일본에서 육군대장은 일본 총리와 동격이었다. 이러한 인물을 자격한 독립투사 조 의사를 우리 국민은 너무나 모르고 있다. 참으로 안타까운 일이다. 물론 그것은 의거가 배후인물이 없는 단독 의거였다는 데에도 이유가 있겠지만 그간 우리 국민들이 조 의사의 행적에 대해 너무 소홀했다는 데에도 원인이 있다.

조 의사의 이러한 의거 사실이 독립운동사에 없는 것은 아니나 그러한 장한 의거 사실이 국민들에게 그나마 좀 알려지게 된 것은 의거 사실이 타이완 교민들 간에 구전으로 그간 전해지다가 그의 의거 50주년을 맞이해 당시의 문헌 발굴과 국내외 유지들의 헌신적 노력으로 의거 현지인 타이완한교학교에 조 의사 동상을 건립함으로써 더욱 활발해졌다.

1978년 5월 14일 조 의사의 의거 50주기에 건립한 동상제막식에 필자도 참석한 바 있다. 그 후 여러 번 자료를 수집하기 위해 타이완을 다녀왔지만 아직까지 가장 중요한 심문 기록문서를 찾지 못한 것이 유감이다. 죄명, 재판결문, 특별공판 내용 등은 입수했으나 심문 기록문은 오래되어 그 서류를 폐기한 것으로 알고 있다.

이제 의거 현지에 동상을 건립했으니 그간에 외로웠던 고혼을 달랬다. 한국에서는 조 의사의 아들 조혁래의 노력으로 동상 건립기금이 마련되어 장소를 물색했고, 드디어 1987년 8월 서울대공원 내에 서울시가 허가를 내렸다.

1988년 서울대공원 건설사업의 일환으로 조 의사의 업적을 기리기 위해 한국일보사가 주도해 동상을 건립했다. 동상은 조 의사가 오른손으로 옷깃을 잡고 왼손을 바지 주머니에 넣은 채서 있는 모습이다. 동상 아래에는 세로로 화강암 받침대가 있다. 받침대에는 '조명하 의사지상(趙明河義士之像)'이라고 새겨져 있으며, 그 아래에는 대리석으로 조 의사의 생애와 업적을 기록했다.

10. 조명하 의사 타이중경찰서로 구인되다

조 의사는 의거 현장에서 체포되어 타이중경찰서 지하실 형사과에 압송되었다가 검찰에 인계되어 특별재판에 회부되었다. 그리고 1928년 7월 18일 사형선고를 받고 동년 10월 10일 타이베이형무소에서 교수형으로 꽃다운 24세를 일기로 순국했다.

그리고 자격을 받은 구니노미야 대장은 현장에서 살해되지는 않았지만 부상한 독극물의 여독으로 앓다가 조 의사가 순국한 지 약 3개월 후인 1929년 1월 27일 그의 나이 57세를 일기로 사망했다.

당시의 신문 보도에 따르면 구니노미야의 부상은 대단치 않다고 하나 중상이었으며 더구나 독극물을 단도에 발랐기 때문에 그 독물이 온몸에 퍼졌음을 모르고 치료 의사들이 자상(刺傷)으로만 치료했기 때문에 온몸에 중독된 독물은 그를 소생시킬 수가 없음은 당연한 일이다. 그리고 그의 사인을 조사한 결과(황족 사인 책자) 복막염으로 죽었다고 기록되어 있는데 전문의에 문의한 결과 그러한 자상을 당하면 십중팔구는 복막염이 된다는 증언은 구니노미야 대장이 독약물에 의한 희생이 입증된 것이다.

조 의사는 의거 현장에서 체포되어 곧 타이중경찰서 지하실 형사과로 끌려갔다. 그리하여 시멘트 바닥에 양손이 묶인 채 꿇어 앉혔다. 이때 현장목격자이고 지하실에서 조 의사를 감시한 타이완인 일본경찰 순사였던 임문향(1905년생)으로부터 체포 직후의 사정을 들어보면 다음과 같다.

임문향을 알게 된 것은 필자가 수차 조 의사의 의거 자료를 수집 차 타이완을 방문했을 때 1979년 8월에 그의 집에서 만난 것이다. 그는 타이중 시 북구 담구북항(淡溝北巷) 11호에 살고 있었고 1987년 7월 21일에도 필자가 방문한 바 있다.

그는 이제 노령으로 바깥 출입을 못하고 있었으나 당시의 사항을 소상히 기억하고 있었다. 임문향을 알게 된 것은 필자가 자료 수집차 알게 된 허문굉(許文宏) 교수(당시 타이완대 교수)의 소개로 그의 형인 허문보(許文甫)를 통해 알게 되었는데 전 타이완한교협회장이던 김영찬 회장과 함께 방문해 자세한 증언을 듣게 되었다.

임문향의 증언

임문향은 의거 당시 현장 가까이에서 경비를 맡고 있었기 때문에 현장을 그대로 목격했다고 증언한다. 조 의사를 현장에서 체포해 타이중경찰서로 연행해 온 사람은 당시 타이완인 일본경찰 동료인 정유제(鄭有弟)와 황복삼(黃福三) 순사 등이었고, 형사실에 구인하고 자신이 2시간 동안 감시했다는 것이다. 그에 따르면 조 의사는 의거 현장인 도로상에서 포승줄로 양팔과 앵손을 뒤로 묶여서 경찰서에 호송되었고, 지하 형사실 시멘트 바닥에 꿇어 앉혔는데 얼굴은 굳어 있었다고 한다. 또한 조 의사가 입이 마르니 물을 좀 달라기에 당시의 형사과장인 일본인 다기사와(瀧澤)에 보고했더니 자살할지 모르니 아무것도 주지 말고 잘 보호하라는 명령을 받고 물을 주지 않았다는 것이다. 이때 조 의사는 혀를 깨물고 자살하려는 눈치였고, 매우 고통스러워하더라는 것이다. 그 후 자기가 들은 바로는 조 의사는 구토를 해 의사를 불러 세장(洗腸)을 했는데 4일간 의식이 없었다는 것이다.

이러한 증언에 따르면 조 의사는 의거 직후 체포되기 직전 이미 준비한 자결약을 먹었는데 완전 소화를 위해 형사실에서 물을 요청한 것으로 볼 수 있다. 따라서 조 의사는 이미 각오한 바 대로 자살을 기도했는데 세장을 함으로써 4일 만에 소생했음이 입증되었다.

임문향의 증언에 따르면 당시 조 의사를 현장에서 직접 체포한 자는 정유제, 황복삼 순사와 타이중여자중학교 교사였던 우치다 겐키치(內田賢吉, 일본인)이었다는데 정유제와 황복삼은 이계급 특진되었고, 일본인 우치다 겐키치는 포상을 받았다고 한다.

그리고 임문향은 당시 순사 직위로 근무했는데 25위안의 봉급을 받았다는 것이다. 또한 이 사건 후 타이완 총독부의 지사를 비롯해 대관 모두와 서장까지 면직되어 매우 큰 사건이었다고 증언했으며 타이완 거주 한인들의 모든 상업과 자유 활동을 중지시켰으며 한국인 매호(毎戶)에 경찰이 배치되어 감시당했는데 경찰의 허가 없는 출입도 할 수 없어서 한국인들이 많은 고통을 받았다고 증언했다.

이와 같은 그의 증언은 당시 타이완에는 약 3,000명의 한국인이 살고 있었고 조 의사의 의거 전에는 일본인과 똑같은 예우를 받았는데 이 사건이 일어난 후에는 한없는 고통을 받았다는 현지에 살고 있었던 한국교포들의 말과 일치했다.

그리고 임문향의 증언에 따르면 조 의사가 4일간 의식불명이었기 때문에 취조가 어려웠고, 회복된 후 간단한 조사서와 함께 검찰에 이송되었고 특별공판에 의해 사형이 확정되어 교수형을 당하게 되었는데 자신의 일생에 사형은 처음 본 일이라고 증언했다.

이러한 조 의사의 의거와 체포, 구인, 심문 과정을 보면 조 의사는 떳떳하게 대처했고, 대한 남아의 기백을 그대로 보여주어 일본인의 가슴을 얼마나 설레게 했던가를 알 수가 있다. 조 의사는 이렇게 순국의 시간만을 기다리고 있었다.

11. 한 달 간의 철저한 보도관제 속에서 배후인물 조사 : 가족, 측근의 고통

앞에서 설명한 바와 같이 조 의사의 의거일은 1928년 5월 14일이었다. 그런데 이러한 큰 사건이 보도기관을 통해 밝혀진 것은 사건 일로부터 한 달 후의 일이었다. 다시 말하면 이러한 대사건을 일제는 극비에 붙여 한 달 간이나 언론 보도를 금지시키고 배후인물을 색출했던 것이다. 무엇보다 고통을 당한 것은 조 의사의 가족과 측근들이었고 많은 사람들이 심문을 당했다.

타이완의 가미야마(上山) 총독은 야마나시(山梨) 조선 총독에 협조를 요청해 관련자의 색출을 위해 조 의사의 고향인 황해도 송화군 신천군 등지에 형사대를 파견해 사건의 전모를 밝혀내려고 혈안이 되었다. 결국 배후인물 없는 단독범으로 귀결이 되었지만 이러한 결정을 내릴 때까지 주변 사람들의 고통은 이만저만이 아니었다.

첫 번째로 수사 대상이 된 것은 가족들이었다. 그런데 조 의사의 의거 사실을 가족들도 모르고 있었다. 송화경찰서와 하리면 주재소(파출소)의 형사대가 조 의사의 가택을 수색하면서부터 어렴풋이 무슨 일이 일어났구나 하고 짐작은 했으나 자세한 내용은 가족들도 전연 모르고 있었다.

가택 수색으로는 아무런 단서도 나오지 않았다. 조 의사가 일본과 타이완에 보낸 편지는 보고 난 후 곧 소각했기 때문에 있을 리가 없었다. 조 의사의 의거 내용을 알게 된 것은 가택 수색으로 고통을 겪고 있는 사이 조 의사의 보통학교 4학년 때의 담임선생인 고익균이 몰래 조 의사의 백씨인 명제 씨에게 전해줌으로써 알게 되었다.

이러한 사실을 전해들은 조 의사의 부친인 조용우는 "사나이 대장부가 할 일을 했군!"이라 한 후 침묵에 잠겼고, 이러한 사실을 알게 된 마을 주민들은 놀란 기분으로 시름에 잠겼다고 조 의사의 장질 조성래는 증언했다.

형사대에 의해 조 의사의 부친 조용우와 형 명제는 연행되어 경찰서에 수감된 지 1개월 만에 부친은 풀려났고 형 명제는 3개월 만에 출감했다. 이 기간의 고통은 말할 수 없이 심했고, 출감된 후에도 수시로 형사대가 찾아와 괴롭혔고, 또한 연행되어 조사를 받기도 했다. 아무런 근거를 발견할 수 없자 형사들은 욕설을 퍼붓기도 하고 가족의 사진을 찢는 등 거의 가족이 연금 상태가 되어 농사를 지을 수가 없었다고 한다. 그렇게 형사대가 찾아온다는 정보만 입수하면 집을 비우고 도망가기 일쑤였고, 농사를 지을 수가 없어 그해(1928년)에는 마을 사람들이 대신 농사를 지어 주었다고 조성래는 증언했다.

그리고 때로는 온 가족을 한 자리에 모아 놓고 형사들은 "황족을 해친 자는 삼족을 멸한다."라고 협박하기도 하고, 증거물을 내놓으라고 가구를 파괴하기도 하고, 가족들을 구둣발로 차기도 했다. 당시에는 어렸던 장질 조성래도 여러 번 구둣발에 차여 겁에 질려 혼났다고 사항을 설명했다.

당시 고익균이 가끔 몰래 찾아와 조 의사의 사건 내용을 조 의사 동생 조명근에 전해주었고, 조 의사가 자기에게 보낸 편지내용은 "타이완에서 볼일을 보고 상하이로 가겠다."라는 내용이었다고도 알려 주었다.

전술한 바와 같이 조 의사의 부친과 형은 출감 후에도 자주 가택 수색을 당했고, 경찰대는 무엇인가 증거물을 찾으려 했는데 그때마다 가족들은 한결같이 조 의사가 한국을 떠난 것도 몰랐고, 떠나고 난 후에도 아무 연락이 없어 조 의사의 그간 일에 대해 전연 모른다고 시종일관 대답했다는 것이다. 사실 조 의사로부터 여러 번 온 편지는 조 의사의 부탁대로 보고 찢어 없애거나 소각했기 때문에 형사들은 아무런 증거도 찾지 못해 수사에 진땀을 뺐다. 물론 마을 주민들도 전연 모르는 사실이라고 발뺌을 했다.

이러한 사실은 당시 마을의 모든 사람들뿐만 아니라 한국인 모두가 일제 침략과 잔악한 식민지정책에 반감을 갖고 한마음 한뜻이 되어 일제를 저주했었음을 이해하게 된다.

어떻든 조 의사의 재판이 끝날 때까지 조 의사 가족은 물론 마을 주민과 조 의사의 측근들은 가슴을 조이고 그 고통은 말할 수 없었으며 이러한 수사가 모두 끝나고 난 후 한 달 정도 지난 후에야 조 의사의 사건 내용이 신문에 보도되었고, 타이완 총독 이하 타이완의 고위관리들이 문책당해 이동된 큰 사건이었음을 알게 되었다.

▲ 보도 통제 한 달 후 1928년 6월 14일 조명하
의사의 의거를 전하는 타이완일일신보 기사)

12. 의거 후 타이완 교민들의 고통

조 의사의 의거 후의 고통은 한국에 살고 있는 가족과 측근뿐만 아니라 당시 타이완에 살고 있던 우리 교포들도 가족들 못지 않은 고통을 받았다. 조 의사의 의거 당시, 타이완의 타이중에 살고 있던 한봉문의 증언을 들어보기로 하자.

한봉문은 필자가 1978년 5월 14일 조 의사의 동상제막 때 만나 당시의 사항을 자세히 들은 바 있으며 동년 8월 자료 수집 차 타이중을 방문했을 때도 만나 함께 의거 현장을 답사하고 조 의사가 타이중에서 기거하던 숙소를 찾는데 도움을 준 사람이다.

그리고 또한 그는 타이완에 조 의사의 동상을 건립하기까지 생생한 조 의사의 의거 사실을 타이완교민들에게 증언해 사료를 발굴하는 데 큰 도움을 준 사람이라는 것을 미리 말해 둔다.

한봉문의 증언

한봉문은 당시 어린 중학생으로 부친과 함께 사건 현장에 있었다. 따라서 1987년 시점에서 생존해 있던 한국인으로서는 유일한 사건 현장 목격자이다. 그는 조 의사의 의거 전부터 타이중에 살고 있었고 1982년에 미국으로 갔는데 필자는 조 의사의 의거 자료 수집 차 타이중에 갔을 때 몇 차례 만났는데 그는 당시의 사실을 상세히 말해 주었다. 그리고 그는 또한 어릴 때의 기억을 더듬어 자기의 부친으로부터 들은 이야기까지 전해주었다.

한봉문의 증언에 따르면 조 의사의 사건 현장 사항은 앞에서 설명한 대로이며 조 의사의 의거 후 타이완 교민들의 고통은 이루 말할 수 없이 괴로웠다고 한다. 사건 전만 하더라도 한국인들은 타이완인들보다 우대를 받았고, 일본인과 같은 좋은 대접을 받았다고 한다. 그런데 사건 후부터는 매호마다 관할 경찰서의 형사들의 감시를 받았으며 배후인물이 없는 단독 의거였음이 확인될 때까지 모든 한국인에 대해 출입이 통제되었고 외출할 때는 그 사유를 밝히고 허가 후에 외출할 수가 있었다는 것이다. 그밖에 많은 사람들이 경찰에 연행되어 심문을 받았고 구류를 당해 항시 감시의 대상이 되었다고 한다.

따라서 당시 교민들은 장사도 못하고 일도 할 수가 없어 끼니조차 어려운 상태였다. 교민들은 인삼과 만년필 장사를 많이 했고, 또한 유흥업을 경영하는 이도 많았는데 대체로 약 3,000명의 교포가 타이완 각지에 살고 있었다.

그리고 그의 증언에 따르면 후일 자격을 당한 구니노미야가 죽었다는 소식을 듣고 여러 교포들이 인적이 드문 해변으로 나가 '대한독립만세'를 부르고 모래사장에 써놓기도 했고, "또 한 놈 때려 죽었다."라는 글자까지 써놓고 모두가 기뻐했다고 한다.

이러한 사실은 조 의사의 의거 후 교포들이 타향에서 서로 만날 수도 없었을 뿐만 아니라 회포도 풀 수가 없어 많은 고통을 당했음을 입증하고 있다. 또한 장사도 할 수 없는 거의 감금 생활로 의식주에 곤란을 당했다는 것이다.

송문수의 증언

송문수(宋文守)는 타이완성 타이베이 현(臺北縣) 신장 시(新莊市) 중항로(中港路) 199항 11호에 살고 있었던 교민으로 필자가 1987년 7월 22일 마지막으로 조 의사의 의거 관계 자료를 마무리 지으려 타이완에 갔을 때 만난 사람이다. 송문수와의 만남은 당시 타이베이에 거주하고 있던 전한국교민회 김영찬 회장의 소개로 이루어졌다. 송문수는 고향이 경북 영천군(永川郡) 금호면 냉천동으로 17세 때 일본에 건너가 35세 때까지 일본에서 살다가 타이완에 건너간 것은 조 의사의 의거 1년 후의 일이었다.

그의 말에 따르면 당시 일본은 부산에서 시모노세키로 가는 연락선을 이용했는데 당시 요금이 8엔(圓)이었고, 타이완은 일본 고베에서 출발하는 배로 타이완의 길웅(吉雄)에 도착하는 데 15

엔이었다고 한다.

송문수의 증언에 따르면, 조 의사의 의거 1년 후에 그는 일본에서 길웅에 배편으로 도착했는데 한국인에 대한 조사가 얼마나 심했는지 큰 고통을 당했다고 한다. 그러한 엄한 조사 이유를 당시 타이완 경찰로부터 들었다. 그것은 조 의사의 의거 후부터라고 한다. 그래서 그는 비로소 조 의사의 의거 사실을 알게 되었다고 말한다. 또한 조 의사의 의거 1년이 넘었는데도 타이완에 거주하는 한인들의 고통과 내사는 그치지 않고 계속 되었다고 한다. 그는 당시 일경이 한국인들을 적대시하고 있었음을 알게 되었다. 또한 일경의 심한 압박과 고통을 받은 교민들이 화련에 있는 일본 신사를 습격, 파괴했다고 한다.

조 의사의 의거 전에는 한국인을 일본인과 동일시해 우대했는데 의거 후에는 이동할 때마다 신고가 의무화되었고, 당시 타이완에는 한국교민이 약 3,000명 정도가 있었고, 상애회(相愛會)라는 조직을 만들어서 서로 도우면서 생활하고 있었다.

그리고 한국교민들 대부분이 인삼, 만년필 장사와 유흥업을 경영했는데 유흥업소에 들어오는 여인들은 외지로 가기 힘들었고, 올 수는 있었는데 그들의 고통은 심해 뜻있는 사람들의 눈에는 그 정황을 보고 울분을 터뜨렸다는 것이다. 다시 말하면 타이완이 일본의 점령 이래 모여드는 일본인들의 만행은 심해졌다. 따라서 조 의사는 이러한 광경을 보고 일본인에 대한 적개심을 더욱 키웠던 것이 아닌가 생각한다.

어떻든 이들의 증언으로 보아 당시 고국의 가족과 측근들뿐이 아니라 해외에 거주하는 우리 국민들이 이 사건을 계기로 얼마나 많은 고통을 당했는가는 가히 짐작할 수 있다.

13. 특별공판으로의 회부와 사형선고

조 의사는 의거 현장에서 체포되어 타이중경찰서 형사과에서 심문을 받았고 검찰에 이송되었다. 일제는 약 2개월간 배후인물을 찾기 위해 고향의 가족은 물론 조 의사가 그간 접촉한 인물을 괴롭혔다. 그뿐만 아니라 타이완에 당시 거주하던 많은 교민들을 괴롭혔으나 배후인물 없는 단독 의거로 귀결되었다.

그리하여 조 의사는 약 2개월간의 예심을 끝내고 1928년 7월 7일 오전 8시 30분 타이완고등법원 상고부 법정에서 '황족 위해죄와 불경사건'으로 특별공판에 회부되었다.

당시 검찰관은 이와마쓰(岩松)였고, 특별공판의 재판장은 가네코 부장판사였고 야먀다(山田), 반노(伴野), 아네바(姉歯), 사누이(讃井) 판사가 배석했고, 변호는 타이완변호사회의 안포(安保), 가네코 등 두 관선변호사가 맡았다. 일반인의 방청은 금지되었다.

이 법정에서 일제는 우리의 자랑스러운 애국지사요, 독립운동가인 조 의사를 그들의 형법 제75조 즉 '황족에 대해 위해를 가한 자는 사형에 처하고 위해를 가하고자 한 자는 무기징역에 처한다.'라는 조문을 적용해 재심을 거쳐 1928년 7월 18일 타이완 고등법원에서 전격적으로 사형선고를 내렸다. 어처구니없는 일이었다.

이때 조 의사는 푸른 수인복에 죄수번호인 152번을 가슴에 달고 재판장을 노려보고 있었다. 조 의사는 법정에서도 의연불굴의 자세로 대한독립을 위한 거사임과 배후인물 없는 단독행위였음을 주장해 조금도 비굴하거나 굽힘이 없는 자세로 대한 남아의 장부다운 높은 기백을 보여주었다.

1928년 7월 18일 오전 9시 30분 개정해 11시 45분에 잠시 휴정했다가 오후 1시에 공판이 재개돼 가네코 재판장으로부터 사형선고가 내려지자 조 의사는 잠시 머리를 숙여 눈물을 지었으나 곧 태도를 바꿔 몸을 꼿꼿이 세워 의연한 자세로 퇴장했다고 당시 타이완 총독부의 기관지인 타이완일일신보(臺灣日日新報)가

보도했다.

또한 이 신문 보도에 따르면 시즈하타 지라이(志豆機爾來) 타이베이형무소장은 조 의사는 "사형선고를 받은 후나 형무소에 수감된 후에도 이미 각오를 하고 있었던 탓인지 별다른 태도를 볼 수 없으며 편안하게 생활을 하고 있었다."라고 술회한 것으로 보아 조 의사의 고결하고 늠름한 민족애와 조국 독립을 위한 불굴의 정신을 엿볼 수 있다. 조 의사가 이미 각오하고 있던 결과임을 이해할 수 있다.

조 의사의 의거 후 그 사건의 사실은 배후인물을 색출하기 위해 보도가 통제되고 있었는데 사건이 재판에 회부되고 난 후부터는 보도 통제를 풀고 각 신문사들은 조 의사의 의거를 대서특필하기 시작했다. 그러니까 재판에 회부되기까지 그 진상과 배후인물을 조사하기 위해 현지 교민은 물론 가족 친지 등이 얼마나 고통을 당했는가는 가히 짐작하고도 남는다.

당시에 보도된 각 국내외 신문 보도를 모두 수록할 수는 없으나 중요내용을 기록한 신문보도 내용을 소개하면 다음과 같다.

14. 조국 광복에 생명 바쳐 – 순국(교수형) : 1928년 10월

1928년 7월 18일 오후 1시 타이완고등법원 상고부 법정에서 특별공판에 의해 가네코 재판장으로부터 선고를 받은 조 의사는 곧 타이베이형무소에 수감되었다. 죄수번호 152호의 표찰이 달린 푸른 수의를 입을 채 조 의사는 이미 각오한 순국의 그날을 기다리며 담담한 형무소 생활을 해 나갔다.

운명의 날 1928년 10월 10일 오전 10시 정각, 감방을 나온 조 의사는 사형장으로 두 손목을 묶인 채 끌려갔다. 이윽고 시즈하타 지라이 형무소장으로부터 사형집행 선언이 내려졌다.

조 의사는 사형집행 전 소감을 묻는 임석관(臨席官)에게 "아무 할 말이 없다. 이 순간은 이미 오래전부터 각오하고 있었다. 다만 조국의 독립을 보지 못하고 죽는 것이 한스러울 뿐이다."라고 말하고, '대한독립 만세'를 힘차게 외치며 합장(合掌)하고 교수대로 총총히 걸어갔다. 이윽고 사형이 집행되었다. 때는 1928년 10월 10일 오전 10시 12분. 사형이 집행되고 15분 후인 10시 27분 조 의사는 완전히 숨을 거두었다.

대한의 남아 조 의사는 이렇게 순국했다. 오늘날 우리의 조국은 이런 선열들의 용감한 투지로 유지 발전되고 있다. 그리고 이들의 고독한 영혼이 오늘날의 우리의 조국을 수호하고 있다. 우리는 이들의 유지를 따라 조국을 지키고 발전시켜야 한다.

이때의 조 의사의 나이는 꽃다운 약관 24세! 우리의 선혈들은 이렇게 일제에 의해 무참히 한 사람 한 사람 스러져 갔다. 이렇게 지켜진 우리의 강토는 다시는 치욕의 역사를 되풀이하지 말아야 한다.

사형이 집행된 후 입회관의 검시가 끝나고 조 의사의 유해는 승려의 독경 속에 타이베이시 육장리에 있는 형무소 묘지에 안장되었다. 장례 시 가족의 참석도 없었다. 얼마나 무모하고 포악한 짓인가. 언젠가는 천벌을 받을 행위가 아니고 무엇인가.

필자가 1978년 5월 14일 조 의사 의거 50주년을 기해 현지 타이완교민들과 국내 유지들의 협력으로 타이베이한교학교 운동장에 건립한 조 의사의 동상제막식에 참석해 보다 많은 자료를 수집 중 마침 조 의사와 함께 같은 형무소에 수금되어 있던 타이완인 생존자 왕시랑(王詩琅, 전 타이완대학 교수)을 알게 되었다. 여기에 왕시랑의 증언을 들어보기로 한다.

왕시랑의 증언

왕시랑은 당시 정치범으로 조 의사와 같은 형무소에 즉결수로 수감되어 있었다. 그의 증언에 따르면 조 의사의 교수형에 사용된 노끈은 자기들이 만든 것, 즉 즉결수의 작업장에서 만든 것이고 그 노끈을 그가 보관했다는 것이다. 그리고 자신과 함께 수감되어 있는 많은 사람들이 조 의사의 의거 사실과 사형을 알고 있었으며 모두가 이구동성으로 일제의 만행에 분개했고 우리 타이완인이 해야 할 일을 조선인인 조 의사가 했다고 하며 타이완인이 못한 것이 부끄러울 뿐 참으로 장한 일이라고 기뻐했다고 한다. 그리고 참으로 용감하고 통쾌한 일이라고 모두가 이야기했다고 한다.

당시 타이완은 우리나라와 마찬가지로 일제가 보낸 타이완 총독 하에서 폭정을 당하고 있었기 때문에 그 분노는 말할 수 없었으며 지금도 그때의 괴로움을 잊지 못하고 생활하고 있다는 것이다. 조 의사의 동상이 타이완에 건립되었다는 것을 전하자 왕시랑은 매우 기쁜 일이라고 함께 수감되던 때를 회상했다.

왕시랑은 필자가 만났을 때 73세의 고령으로 지팡이에 몸을 의지하고 분노에 찬 기분으로 얼굴을 상기시키면서 당시의 사실을 똑똑히 증언했다. 필자가 지난 1987년 7월 21일 마지막 자료를 정리하기 위해 타이완을 방문해 다시 그를 찾았으나 이미 고인이 되어 있어 섭섭함을 금치 못했다.

또한 당시 타이완대학의 역사학과 교수로 있던 황부삼(黃富三) 교수도 만나 보았다. 황 교수는 당시 30대 후반의 나이였는데 자신은 타이완 사나 당시의 보도자료를 통해 사건 내막을 잘 알고 있다고 했고 조 의사가 특별재판에 끌려가면서 쓴 용술 외의 사진을 알고 있다고 했다. 그 사진은 후일 입수했으나 필자가 이미 다른 데서 입수한 것이었다.

이러한 당시 타이완인들의 증언에 따르면 조 의사의 의거 사건을 타이완인 모두가 기뻐했고 타이완인이 처단해야 할 일을 조선인이 했다는 것이 타이완인으로서는 매우 부끄럽게 여겼다는 것이다.

우리의 선혈들은 조 의사와 같이 이렇게 스러졌고 자유를 애호하는 많은 나라들이 일제를 원망했으니 그들에게 천벌이 내려지지 않을 수 없었다.

15. 말없이 환국한 조명하 의사의 유해 : 1931년 4월

1931년 4월 초 유족들은 조 의사의 유해를 잘 봉안해서 배편으로 보냈다는 타이완으로부터의 통보를 받았다. 이러한 통보를 받고 얼마 후 유해가 배편으로 황해도 송화에서 가장 가까운 해주면(海州面) 해안에 있는 옹진군 소강이라는 곳에 도착했다는 연락을 받고 곧바로 조 의사의 형 조명제가 가서 모셔왔다.

이때가 1931년 4월 중순이었고 조 의사는 고향을 떠난 지 만 4년 6개월, 순국한 지 2년 6개월 만에 말 없는 유골로 환국했다.

당시 보내온 유해는 모든 가족과 마을 사람들이 함께 보았는데 이때 현장에서 같이 본 조 의사의 장질 조성래는 다음과 같이 전했다.

유골은 완전한 황골이었으며 진흙에서 뼈만 채취한 것으로 씻지 않은 흔적이었다. 부분별로 하나하나 손으로 싸고 어느 부분의 뼈라는 설명서까지 붙여서 붉은색의 오지 도가니 두 개에 나뉘어 들어있었다. 다시 이 도가니를 목제로 짜서 높이가 어른 가슴 높이만큼 큰 상자에 넣어 보내왔는데 상당히 정성스럽게 봉안한 흔적을 엿볼 수 있었다고 한다.

이 유골을 본 가족들의 심정이야 오직 슬퍼했을까마는 마을 사람들 역시 온통 슬퍼했다. 조성래의 증언에 의하면 부친 조용우는 눈물 지으며 담담한 표정으로 유품을 맞이할 때와 마찬가지로 "대장부가 할 일을 하고 왔구나! 장한 내 자식아! 내 살아생전에 일본 놈이 망하는 꼴을 보고 죽을 것이다."라고 했다. 이러한 조 의사의 아버지의 말씀은 우연의 일치일지 모르나 아버지는 조국 광복 3개월 만에 돌아가셨다.

그리고 조 의사의 오직 한 분의 혈육인 아들 조혁래는 당시 겨우 4세여서 철없이 뛰어 노는 그를 본 모든 마을 사람들은 더욱 측은히 생각했다. 조 의사의 유해를 맞이한 가족들은 곧 장례 절차를 논의하기 위해 종중회의를 열고 종산에 안장키로 결정했다. 그러나 경찰은 장례일까지 지키면서 종중묘역에 묘지를 못 쓰게 하고 공동묘지에 장례할 것을 강요해 하는 수 없이 송화군 하리면 장천리 공동묘지에 안장했다.

일제는 이렇게 말없이 환국한 조 의사의 유해의 안장까지 간섭해 고인은 물론 고인의 가족까지 또 다른 슬픔을 안겨 주었다. 참으로 비겁한 그들의 만행은 천벌을 받게 되었고 급기야 1945년 8월의 해방으로 그들은 이 땅에서 물러나게 된 것이다. 해방 후 가족들이 고향 입구에 조그마한 비석을 세웠으나 현재까지 세워져 있는지 알 길이 없다. 6·25 전쟁 후 조 의사의 가족은 월남했고, 대한민국에서는 1953년 3월 1일을 기해 조 의사에게 건국공로훈장 국민장을 추서해 국립묘지에 새로이 유골과 유품도 없는 묘지를 마련했다.

조 의사의 의거 50주년을 맞이해 타이완 교민과 국내 유지들의 성금으로 의거 현장인 타이완의 타이베이한교학교 운동장에 동상을 건립(1878. 5. 14.)했고 고혼의 넋을 다소나마 위로했고 조 의사의 의거 60주년이 된 1988년 5월 14일에는 조 의사의 동상이 서울대공원에 건립되었다.

조 의사의 유족으로는 유독자인 조혁래(고인), 자부 조소담 여사(고인), 슬하에 손자 경환, 정환, 국환과 손녀 명희, 순희, 연희와 가까운 친척이 월남해 서울 등에 살고 있다.

조명하 의사의 전기를 펴내면서

조경래

조명하 의사라면 아직 우리 국민들에게는 너무나 생소한 애국지사다.

조 의사는 1928년 5월 14일 당시 우리나라와 같은 일본 총독 치하에 있던 타이완에서 중국대륙침략의 산동성 출병을 눈앞에 두고 그 근거지인 타이완 주둔 일본군을 특별검열하기 위해 파견된 구니노미야 구니요시(일본의 황족이며 일본 천황 히로히토의 장인이며 육군대장)를 저격해 중상을 입히고 그 여독으로 6개월 만에 사망케 한 애국열사다.

구니노미야 대장은 타이중에서 일본군 검열을 마치고 지사관저에서 일박하고 타이중기차역으로 가는 도중, 조 의사는 당시 타이중도서관(현재 타이중합작금고) 앞 커브길에서 많은 환영인파속에 숨어 있다가 속도를 줄이는 무개 승용차에 뛰어올라 극독 약물을 바른 예리한 칼로 저격해 일제의 가슴을 서늘케 하고 한민족의 원한을 일제에게 밝힌 것이다.

비록 조 의사는 현장에서 구니노미야를 살해하지는 못했지만 그 여독으로 6개월 만에 죽었고, 조 의사는 현장에서 왜경에 체포되어 타이완고등법원 특별공판에 의해 동년 7월 18일 사형이 선고되고 동년 10월 10일에 '황족위해 및 불경죄'로 교수형으로 순국했다.

이때의 조 의사의 나이는 약관 24세로 젊음을 배후인물 없는 단신 결행으로 조국 독립광복을 위해 자신을 제단에 바쳤다.

이러한 조 의사의 의거 때문에 일제는 배후인물을 찾기 위해 1개월간 완전히 보도 통제를 했고 그간 가족은 물론 측근, 타이완 교민들을 괴롭힌 끝에 타이중 중대 사건으로 1개월 후에 각종 언론기관에서 호외와 더불어 대서특필 보도를 했다. 이 사건의 책임을 물어 타이완 총독이 사표를 제출했고, 대관(국장)들이 면책처벌 차원에서 이동되는 등 조 의사의 의거는 일본 조야(朝野)를 뒤흔들어 놓았다.

조 의사의 의거는 당시의 보도 통제와 배후인물이 없었던 관계로 사장되어 있었으며 다만 상하이 임시정부 시절 조소앙 선생의 『유방집』에 간략하게 수록되어 정부에서는 1964년 3월 1일을 기해 건국공로훈장 국민장을 추서해 국립묘지에 유품과 유해 없는 묘지를 마련해 안장한 바 있다.

조 의사의 이러한 의거를 목격한 타이완 교민의 한 사람인 한봉문 씨(당시 중학생)가 어릴 때의 의거 현장을 회상하고 또한 그의 부친(한재룡<韓材龍>, 작고)으로부터 들은 얘기를 구전으로 교민들에게 전함으로써 사료 발굴에 착수하게 되었다. 그리하여 타이완교민회(회장 김영찬)가 주동이 되고 주중대사관(대사 김계원)이 후원하고 타이완에 특파된 한국일보 박정빈 기자에 의해 의거 1개월 후에 대서특필된 기본 자료를 타이완총통부 국사관에서 발굴하게 되었다.

이러한 기본 자료에 의해 타이완 교민회에서 조 의사의 동상 건립사업회를 조직하고 국내외 유지들의 성금에 의해 1978년 5월 14일 조 의사의 의거 50주기를 맞아 동상을 제막한 바 있다(타이베이 한교학교정).

필자는 친족 대표로 동상 제막식전에 참가했는데 이때 좀 더 많은 자료를 수집해 조 의사의 상세한 전기를 쓸 것을 생각했다. 그리하여 그 후 5차에 걸친 의거 현지인 타이완과 일본을 방문한 바 있으며 전기 내용에 기록한 대로 관계 증인들을 만나 협조를 얻어 비록 미흡하나마 본 전기를 쓰게 되었다.

한 가지 아쉬운 것은 가장 중요한 심문기록문(審問紀錄文)을 찾지 못해 이곳에 함께 실지 못함이다. 필자가 그간에 이 심문기록문을 찾기 위해 많은 사람들을 접촉했는데 너무 오래되어 문서를 폐기했다는 설과 아직까지 어느 곳엔가 보관되어 있다는 두 설이 있는데 본 전기를 읽은 분들 중에서 이러한 정보를 제공해 주면 더 이상의 고마움이 없겠다.

끝으로 본 전기를 발행함에 있어서 기본 자료를 발굴한, 앞에서 말한 분들과 그 밖에 증언과 사료 발굴에 협조해 주신 길영빈(한교협회 총무), 석지견(타이완 교민), 함병수(咸炳洙, 주중대사관), 임문향(타이완인, 의거 당시 경찰, 현장 목격자이고 타이중서 체포 후 보호인), 왕시량(전 타이완대 교수, 조 의사와 형무소 수감), 송문수(타이완 교민), 진이학(타이완인, 의거 시 조 의사 숙소 이웃집 살다), 허문꾕(타이완인, 전 타이완대 교수), 허문보(타이완인), 최서면(崔書勉, 재일 한국학원장) 씨, 조성래 씨(서울 거주, 조 의사 장질), 오금전 여사(조 의사 부인) 등에게 깊은 감사를 드린다.

그리고 비록 미흡하나마 본 전기가 우리나라 독립운동사에 기록이 되어 후손들에게 애국정신을 고취하는데 귀감이 되었으면 하는 마음 간절하다. 또한 각종 교과서에도 수록되어 조 의사의 애국정신을 널리 알리고 싶은 마음 금할 수 없다. 아울러 학계에서 조 의사의 의거에 관한 의의와 학문적 평가가 나올 것을 기대하는 바이다.

조명하의 타이완 의거와 그 의의

조항래(趙恒來)[03]

　이 글은 숙명여자대학교 교수, 명예교수, 조명하 의사 기념사업회 회장 등을 역임한 조항래가 쓴 조명하 의사에 관한 논문이다. 2009년 5월 타이완 한교협회가 『조명하 의사 약전』을 재발행 했을 때 삽입된 논문이다.

　이 논문은 조명하 의사의 조상에 대해 상세히 밝혔다. 고려시대로부터 조선시대에 이르기까지 조명하 의사의 가문의 중요인물들을 살핌으로 조명하 의사 의거의 필연성을 알 수 있다.

---

03. 조항래 : 1931-2016. 숙명여자대학교 명예교수, 조명하 의사 기념사업회 회장 등 역임.

01. 머리말

간악한 일본제국주의(이하, 일제)의 침략으로 36년간 국권을 빼앗겼던 슬픈 역사 속에서 나라의 주권을 다시 찾으려는 피 끓는 애국의 열사 의사들의 함성은 끊이지 않았다. 이러한 수많은 의사 열사 중 한 분이 조 의사다.

조 의사는 일제가 거사 직후에 이를 극비에 부치고, 언론까지 보도관제를 해 이른바 타이완불경사건(臺灣不敬事件)으로 왜곡 보도하기를 서슴지 않았다. 그 후에 이 의거 사실이 단편적이나마 『유방집(遺芳集)』과 『기려수필(騎驢隨筆)』에 수록되기는 했으나, 일제하의 제한된 학문적 분위기에서는 오랫동안 세인의 망각 속에 묻혀 있을 수밖에 없었다. 그리하여 타이완에서는 세월이 흐르는 동안에 우리 교포들 사이에 그의 의거 사실이 구전으로만 전해지고 있었다.

그러나 근자에 그의 의거 현장인 타이완에서 교민 한봉문이 자기가 중학생 때 그 현장을 그의 부친인 한재룡과 함께 목격한 사실을 교민들에 유포하고 그러한 사실이 국내에 알려지게 되었다.

한봉문에 의해 조명하의 의거 사실이 많은 교민들에게 전해지자 마침 타이완의 한교협회 총무이사 길영빈에 알려지게 되고, 이러한 소식을 들은 길영빈은 김영찬 회장에게도 알렸다. 이러한 길영빈의 노력이 주중 한국대사관에도 알려지게 되어 김계원 대사도 깊은 관심을 표명하고 그 자료를 발굴하는데 적극적인 협조를 아끼지 않았다. 그러던 중 마침내 1976년 4월 한국일보사 타이완 특파원 박정수 기자(후에 일간스포츠사 사회부장)가 큰 관심을 갖고 석지견(주중한국대사관 근무)과 함께 타이완의 총통부에서 1차 관계기록(신문보도 재판기록 등)을 발굴하게 되었다. 다시 박 기자는 찾아낸 관계기록을 갖고 조경래 교수와 함께 2차에 걸친 현장답사로 당시 현장 호위이며 거사 직후 보호경관이었던 임문향(타이완인)과 정치범으로 조명하와 같은 형무소에 즉결수로 수감되어 있었던 왕시량(전 타이완대 교수) 등의 면담을 통해서 당시의 현황을 알게 되었다. 또한 국내에서도 조명하의 유족 측근으로부터 많은 자료와 증언을 얻어듣고 비로소 그 내용이 어느 정도 밝혀지게 되었다.

이에 필자가 1990년 6월에 최종적으로 현지 타이완을 답사한 바 그 실상이 밝혀진 것을 갖고 조명하의 성장가문의 배경과 항일의식 행위의 형성을 통해서 그의 타이완항일 의거를 밝혀 보고 아울러 그의 항일 의거의 역사적 의를 언급해 보고자 한다.

02. 성장 가문의 배경

조 의사는 1905년 5월 11일(음력 4월 8일) 황해도 송화군 하리면 장천리 310번지에서 부친 조용우 공과 모친 배장연 여사 사이에 명제 명하 명근 명현 명옥의 4남 1녀 중 차남으로 출생했다. 본관은 함안이며 고려 조 대장군이었던 시조 조정의 29대손에 해당된다. 예로부터 그의 가문은 성품이 대체로 강직하고 보수적이며 문력이 조선 조 5백년을 거치면서 큰 벼슬이 그리 많지 않으나 벼슬함에 있어서 그 충과 용이 남달리 뛰어나고 또한 그 절이 곧기로 이름나 의에 굽힐 줄 몰라 때에 따라 우직하다는 세평을 듣기도 했다. 그리고 '효제충의'를 가문의 신조로 삼아 왔다.

조선 조 단종 때 생육신 조려로 비롯해서 그의 후대에는 13충(忠)이 있다. 이들의 충의를 대체로 보면 절도공(節度公) 수천(壽千, 14대)는 중종(中宗) 조 정국원종일등훈(靖國原從一等勳), 참판공(參判公) 붕(鵬, 16대)은 임진왜란 대 울산에서 순절, 참판공 단(旵, 16대)은 임진왜란 때 화왕산성(火旺山城)에서 토적, 참판공 방(16대)은 임진왜란 때 화왕산성 토적, 충의공(忠毅公) 종도(宗道, 17대)는 정유재란 때 황석산성(黃石山城)에서 순절, 승지공(承旨公) 후남(後南, 17대)은 정유재란 때 함안에서 순절, 판서공 신도(信道, 17대)는 임진왜란 때 왕가(王駕)를 호종하다가 한강 변에서 순절, 감찰공(監察公) 민도(敏道, 17대)는 임진왜란 때 상주(尙州)에서 순절, 참의공 응도(凝道, 17대)는 정유재란 때 고성(固城)에서 순절, 군수공(郡守公) 형도(亨道, 17대)는 임진왜란 때 화왕산성에서 토적, 병자호란 때 동왕(動王)하려다 충주에서 분의립공(奮義立公), 참의공 익도(益道, 17대)는 갑자년 이 활란(李活亂)을 선등격적(先登擊敵), 어모공(禦侮公) 선도(善道, 17대)는 이활란에 안현(鞍峴)에서 싸워 책훈(策勳), 참판공 계선(繼先, 18대)은 정란 호란 때 의주(義州)에서 순절 등을 들 수 있다.

이 13충 중에는 정국자(靖國子) 18명, 사적(死敵) 7명, 종군각경(從軍却敬)한 자 4명, 근왕(勤王) 병사자 1명으로 생사는 비록 다르나 국가에 충효한 경우는 서로 같다는 것이다. 영조 때 춘추관사(春秋館事)를 겸직하고 있었던 홍양호(洪良浩)는 '조 씨십삼충실록서(趙氏十三忠實錄序)'에서

忠者人臣之大節聖人謂之成仁一國而得一人難矣況一家乎一
家而得一人難矣況十餘人乎余於咸安之趙不覺悚然而驚沓嗟
而永歎也……嗚呼盛矣古未聞也斯可見國朝培養節義之化偏
萃於一門可以書之簡冊永詔後世余職是太史謹敍官職名字事
蹟以備國乘之考

충(忠)은 인신(人臣)의 대절(大節)이다. 성인(聖人)이 이른바 성인(成仁)이라 했는데 일국(一國)에서 한사람을 얻기도 어려운 것인데 하물며 일가(一家)에서랴, 또 일가(一家)에서 한 사람을 얻기 어려운데 하물며 十人이서랴 내 함안(咸安)의 趙氏에 송연(悚然)함을 깨닫지 못하고 놀라 자차(咨嗟) 영탄(永嘆)할 따름이다.(중략)명호(嗚呼) 성대(盛大)하구나 옛 일에도 듣지 못했다. 국조(國朝)기 배양(培養)한 절의(節義)의 교화(敎化)가 일문중(一門中)에 편재(偏在)함을 보니 가히 간책(簡冊)에 쓰고 후세에 길이 전 할 만 하도다. 나의 직(職)이 사관(史官)이라 삼가 관직(官職) 명자(名字) 사적(事蹟)을 서술(叙述)해 써 국사(國史)의 참고자료에 대비(對備)한다.[04]

라고 해 함안 조 씨 가문에서 충신이 너무 많아 차탄(嗟歎)할 따름이라 하고, 자신의 직이 사관(史官)이기 때문에 이와 같은 관직, 명자, 사적을 있는 그대로 서술해서 국사의 참고자료에 대비코자 한다고 할 정도이다.

이러한 문력은 숙종 때부터 정조(正祖)에 걸친 조중회의 경우에서도 마찬가지다. 그는 1736년 문과에 급제, 누진해서 대사간(大司諫)을 거쳐 정언에 이르러 사묘(私廟) 행차를 통론한 사건으로 파직되었으며, 다시 부수찬에 등용되어 헌납에 옮겨 시강원

---

04. 함안조 씨대종회 홈페이지 참조(http://hamanjo.co.kr/common/sub08_b_01.html).

설서를 겸했다. 그때 윤금명이 치운(致雲)의 사건으로 홍원현감으로 좌천된 것을 구하려 하다가 왕의 뜻에 거슬린바 되어 파직되었다. 후에 수찬에 보직되어 춘공찬독(春坊贊讀)을 겸하고 통정대부에 올라 승지가 되어 주강(晝講)에 왕을 모시고 찬사를 받았다. 병조참의에 옮겼다가 영변부사로 나갔으며, 돌아와서 제조의 참판을 역임하는 동안 양주목사로 나가기도 했고, 다시 승지로 왕을 모시고 찬사를 받고 마음에 너무 송구해 사퇴하려 했으나 영조(英祖)가 허락하지 않았다. 1770년 가헌대부 위계에 올라 개성유수, 한성부윤, 도승지, 이조참판 등을 역임했다. 정조 초 함경감사로 있을 때 홍계희(洪啓禧)의 도용이재의 배향을 반대해서 왕의 승낙을 받았다. 만년에 이조판서에 보직되었으나 나가지 않았다. 이와 같이 조중회는 관직을 두루 거치면서도 효제충의의 가훈을 신조로 삼고 있었다는 것이다.

조명하의 8대조(시조로부터 18대손)이 조형은 1595년 출생으로 왜란과 호란 때의 조국의 수난을 체험했으며 1616년에 무과(武科)에 급제했는데 광해군의 패륜행위, 즉 폐모살제사건(廢母殺弟事件)에 분격하고 벼슬의 권유를 거절하고 인조반정 후에야 벼슬을 승낙할 정도로 의협심이 강했다. 그는 병자호란(1636) 때 청군(淸軍)이 침입해서 서울이 청군의 수중에 들어가자 인조(仁祖)가

남한산성으로 이어(移御)할 때 그는 인조의 선전관으로 호종했으며 40여 일 동안의 항전 속에서 남한산성 내의 서성지역에서 사력을 다해 싸워 적을 사살하고 '구야생환'한 용장이기도 했다.

이와 같은 그의 전공(戰功)은 이듬해 2월에 있었던 논공행상 때 어모장군으로 승진되고 인조는 훈련원첨정(訓鍊院僉正)으로 제수하고 고신첩에 특별히 '力戰'이란 두 글자를 써서 포상하기도 했다.

그 후 그는 회령판관, 남포현감 등을 역임했는데, 특히 회령판관으로 있을 때 내왕이 심했고, 또한 그들은 많은 금품을 요구했다. 이러한 호사들의 만행에 분격해 그들의 요구를 거절하는 대담성을 보여주기도 했다. 당시 이러한 호사들의 요구를 거절한다는 것은 매우 어려운 일로 그는 나라가 극도로 어려운 입장에 어떻게 그들의 요구를 들어줄 수 있느냐고 항거함에 결국 청조에 소환되어 고충을 당하기도 했다. 이때 그는 청조에서 조리 있는 답변으로 오히려 호사 일행에 중형을 받게 해서 우리나라에 내왕하는 호사들의 행패를 막을 수 있는 데 크게 기여하기도 했다.

그 후 청의 세력은 날로 강성해서 중원을 차지하고 명이 완전히 망해 친명사대(親明事大)에 대한 절의를 지키기 위한 남포현감을 사임하고 고향인 황해도 송화에 돌아와 도연명의 지조를 거울삼아 밤나무를 향리에 심고 율리라 정하고 죽을 때까지 절의를 지켰다. 오늘날 황해도 송화군 율리면은 이러한 사연에서 유래한 곳으로 현재도 이곳에서 함안 조 씨의 문중이 번성해서 만여 명이 살고 있다고 한다. 조명하의 향리도 바로 이들 후손들로서 선조들의 충과 용맹과 절의를 가훈으로 삼고 있었다는 것이다. 따라서 그의 충성심과 용맹성과 절의는 그의 가훈의 영향을 많이 받은 것으로 예로부터 내려온 함안 조 씨의 문력의 전통이기도 하다. 그러므로 조국 광복을 위한 그의 충성심은 우연의 일치가 아니며 선조 대대로 물려받은 조국애가 깃들어 있다고 보아야 한다.

조명하는 어려서부터 남달리 총명호학하고 그 성품이 강직하고 의협심이 강해서 주위 사람들의 칭송과 귀여움 속에서 자랐다. 그는 부친으로부터 항상 자랑스러운 조상들의 행적을 듣고 큰 긍지를 갖게 되었으며, 또한 그의 부친은 한학에 조예가 깊을 뿐만 아니라 역사의식이 투철해서 한학과 일제의 침략은 물론 과거의 우리나라의 수난사에 대한 깊은 지식에 많은 설교와 감화를 받았다. 그는 철이 들면서 부친으로부터 기초 한학을 깨우침에 너무나 엄한 교육의 필요성을 느껴 부친의 친구인 이웃 면인 송화군 풍해면 성상리에 있는 저명한 한학자 김삼풍에게 3년간 한학을 수학게 했다. 그 결과 그의 재질과 성품을 인

정한 부친은 가난한 농부의 살림에도 불구하고 그를 학교에 보내어 이웃 풍해면에 있는 4년제인 풍천보통학교를 졸업하고 이어 멀리 송화읍에 있는 6년제인 송화보통학교 5학년에 편입해 졸업을 하게 되었다. 보통학교 시절에도 남달리 성적이 우수하게 뛰어났고, 생각하는 면이 어른다워 장차 대성할 수 있는 인물이 되리라는 주위 사람들의 칭찬이 자자했다. 특히 풍천보통학교 4학년 때의 담임선생이었던 고익균으로부터 남다른 사랑을 받았다. 그 후 고 선생과는 해외활동을 하면서 항상 연락이 있었고, 그의 의거 직전까지 편지가 왕래되었으며 의거의 암시정보를 그의 백씨인 명제에게 은밀히 제보했다는 것이다.

이와 같이 조명하는 어려서부터 총명하고 호학의 재능과 강직한 성품, 명석한 판단력, 의지의 성격의 소유자였음을 알 수 있고, 거기에다 대대로 내려온 가문의 전통적 교훈과 부친의 교화와 당시의 일제 침략으로 조국의 수난에 의분을 느낀 나머지 그로 해금 항일의식의 행위를 형성케 한 것이라 볼 수 있다.

03. 항일의식의 형성

조 의사는 1920년 3월에 6년제인 송화보통학교를 우수한 성적으로 졸업하고 송화읍에 한약방을 경영하는 친척인 조용기 댁에 유숙하면서 한약 처방과 조제술을 습득했다. 『유방집』은 이를 다음과 같이 말하고 있다.

公 剛白高 材質秀倫 家貧無以資學 奇居製藥局 及畢業 普通
學校

라고 한 것은 저간의 일면을 엿볼 수 있다.

이러한 고용 업무를 충실히 수행하면서 한편, 강의록에 의한 더욱 수준 높은 학구열을 발휘했다. 그중에서도 그는 외국어(영, 독, 불, 일)에 주력해 그 실력은 각 국어의 해독은 물론 기초회화가 가능했고, 특히 일어는 남달리 능통했다. 당시에 외국어를 열심히 공부한 것으로 보아 장차 그의 활동무대를 국내에서보다 국외에서 조국 광복을 쟁취하려는 꿈을 지니고 있었던 것으로 짐작되기도 한다.

더욱이 그가 보통학교를 졸업한 1920년은 국내외를 진동시킨

3·1 운동이 이곳 송화에도 파급되어 그 영향이 대단했으며, 당시 16세인 그의 가슴에도 일제의 잔악한 탄압과 횡포에 대한 분노의 정신이 가득 차 있었음은 물론이다. 또한 그는 동향인 안중근, 김구, 노백린 등의 얘기를 들으며 어릴 때부터 정신을 길러왔고, 이들 애국지사들의 정신을 항상 흠모하게 되어 그 구국열에 감동되어 스스로 독립운동에 참여해야겠다는 다짐을 굳게 했다.

이러한 감화와 자극 속에 아직 나이 어린 소년인 그는 한약방에서 업무의 책임을 충실히 이행하면서 강의록에 의한 독학을 각고면려하며 그의 꿈을 키워 나갔으며 자질 향상에 주력했다. 이와 같은 사실을 『기려수필』에서

稍長學公普 家貧更不學 歷醫院衛生課(한약방: 필자 주) 及郡廳 雇員(서기: 필자 주) 名河恨其不能畫學 每持講義錄 達夜觀玩

이라 했다. 그는 보통학교를 졸업하고 집안이 가난해 다시 진학해 배우지 못하고 한약방에서나 그 후 군청 서기로 근무할 때에도 낮에는 공부하는 것이 불가능한 것을 한탄스럽게 생각해 매양 강의록을 갖고 밤을 세워가면서 보고 익혔다는 것이다.

그리하여 그가 한약방에 근무하는 동안에도 그의 성실성은

유별했고, 잠시 동안이라도 시간만 있으면 강의록에 의한 면학의 정신은 굳건했던 것이다. 그는 가정에서도 부친에 대한 존경심과 효성이 지극해서 1925년에는 부친의 뜻을 저버리지 않고 하리면의 이웃 면인 진풍면 태양리(송화군 진풍면 태양리; 고리개 마을)에 사는 오금전 양과 결혼했다. 당시 21세인 그의 나이는 결혼연령이었으나, 결혼을 할 여건이 되지 못했다. 그러나 부친의 요청을 받아들이지 않을 수 없었던 것은 그의 엄격한 가정교육의 일면을 엿볼 수 있다.

그는 결혼 후에도 가정에서 안일하게 신혼생활에 젖을 여념이 없이 집을 떠나 한약방에 기거하면서 한 달에 2~3회 고향집에 다녀올 뿐 더욱 강의록에 의한 외국어 공부에 전념했다. 그러던 중 1926년 3월에는 황해도 신천군청에서 지방서기(군청서기) 임용시험이 있음을 알았다. 그는 좀 더 폭넓은 사회에서 견문을 넓히고 공부한 실력도 겨루어 보고 많은 사회인사들과의 접촉도 가질 수 있음을 감지하고, 임용시험에 응시해 합격이 되고, 신천군청 서기에 임용되어 근무하게 되었다. 당시의 군청서기 임용시험에 합격한다는 것은 퍽이나 어려운 일이었고, 일제 치하에서지만 약관 22세로 판임관(判任官) 후보로 등용된 것은 대단한 실력이었다. 이러한 공직생활에서 그의 활동무대는 넓어졌고,

그의 젊은 꿈을 실현할 계기가 되었다. 그리하여 국내외의 정세를 비판하기도 하고 동료들과 조국애에 대한 토론과 대한 남아로서의 할 일이 무엇인가를 결심하기도 했다. 더욱이 일제 식민지 아래서의 수탈정책을 체험하게 되어 의분을 느끼기도 했다.

신천군청 서기로 임용된 약관 22세의 조명하는 이제 그의 강직한 성품과 전통적 가문의 배경 및 가훈으로 그의 꿈의 의지가 굳어갔다. 더욱이 그로 해금 불의에 굴할 수 없음과 조국의 시련을 보고만 있을 수 없는 요기를 갖게 했다. 그리하여 그는 동료들과 토론을 하는 등 동료들을 규합하는데 심혈을 기울였다. 평소 과묵한 성격이지만 군청에 근무하면서 스승이나 선배 혹은 친구들을 만나 시국을 토론함에 있어 논리가 정연했고, 항상 조국의 독립을 찾는 데 앞장서겠다는 자기의 포부를 말하면서 일제 침략의 부당성에 울분을 터뜨리기도 했다. 특히 이들 중에서도 동료 선임자인 여중구와는 뜻을 같이하는 사이여서 자신의 웅비의 꿈을 말하고 토론을 했다는 것이다. 뒷날 적국 일본으로 갈때 여중구 등 6명은 여비까지 마련해 준 막역한 사이였다.

더욱이 당시의 국내 정세는 일제에 대한 전 민족의 분노가 끊임없이 계속되어 반일운동이 더욱 노골화되어가는 때였다. 그해 4월 26일에 순종이 불우한 처지에 있다가 승하하자 전국의 조문

객이 비통 속에서 창덕궁에 줄을 이룰 때였고, 마침내 원한과 울분이 폭발해 6·10 만세 운동이 일어나게 되었다. 그리고 이에 앞서 김상옥의 종로서 투탄(投彈)(1923. 정월), 김지섭의 도쿄 궁성 니주바시 투탄(1924. 정월)에 이어 그해 송학선의 금호문(金虎門) 의거, 나석주의 식산은행과 동척 투탄 폭파, 남자현(南慈賢)의 항일의열투쟁 등은 민족의 분노가 작열하던 때였다. 조국 광복을 기어이 성취해야 하겠다는 의지를 그의 가슴 속에 더욱 용솟음을 치게 했고, 그를 신천군청의 서기로 가만히 몸담아 있게 하지 않았다.

한편, 그는 평소 신혼의 기쁨도 잊은 채 신천에 하숙하면서 한 달에 2~3회 정도 백여 리나 되는 고향집을 토, 일요일을 이용해 잠깐씩 다녀갈 뿐이었고, 집에 돌아와서도 부인에게는 그의 웅비의 꿈이라든가 공직생활에 대한 말은 전연 없었다. 따라서 그는 부인에게 따뜻한 사랑도 주지 못했고, 또한 부인으로부터 따뜻한 사랑의 애정을 느끼지도 못한 엄친슬하에서 굳은 의지의 꿈만 기를 뿐이었다.

기회를 기다리던 그는 드디어 결심을 굳히고 그해 10월 12일(음 9월 6일) 불과 6개월의 신천군청 서기직을 청산하게 되었다. 이 6개월은 일제 식민지정책에 대한 뼈아픈 체험 기간이었으며, 또한 웅비의 꿈을 키운 기간으로 오직 조국 광복의 신념만이 그의 생활의 전부를 불사르려는 의지의 확립의 기간이었던 것이다.

이와 같은 상황을 『유방집』에서는 다음과 같이 말하고 있다.

任信川郡微官 不堪敵人威壓 遂決志暗殺敵魁 一九二四年
十七歲時(1924년 17세시는 오자이고 1926년 22세시이다: 필자 주)
遂棄官走大阪

이라고 해, 일본을 완전히 적으로 단정하고 그들의 위압, 즉 일제 식민 통치의 학정을 견디다 못해서 드디어 적 괴수를 암살하려는 뜻을 결심해 1926년인 22세에 서기직을 청산하고 일본 오사카로 달려갔다고 했다. 그리하여 그는 적의 소굴로 가면 그 기회가 쉽게 올 것이라는 생각이 들어 일본으로 가기로 작정했다.

그는 그해 가을 어느 토요일 오후 백여 리나 되는 고향집에 들러 부모에게 군청을 사직했다는 말도 하지 않고 뜬눈으로 하룻밤을 지내며 깊은 생각에만 잠겨 있었다. 그때 부인은 친정에 가서 아들(지금 그의 오직 한 분의 혈육인 혁래)을 낳은 후 조리를 하고 있었다.

이튿날 아침에도 그는 근무지 신천으로 갈 생각을 하지 않고 자기 방에 누워있었다. 그의 모친은 자부의 해산 소식을 듣고 갓 태어난 손자도 보고 산후에 필요한 물건(미역, 아기 포대기, 아기 옷자락 등)을 마련해 사돈댁을 방문하려 하자 조 의사는 어머니와 힘께 자택에서 삼십 리 거리에 있는 처가댁을 가길 원했다. 그는 모친과 함께 삼십 리 시골길을 걸어가면서 작별의 얘기를 한 것이다. 자세한 얘기는 하지 않고 그저 "큰 볼일이 있어 멀리 좀 떠나야 합니다."라고 처음으로 입을 열었다. 그때 모친은 외국행의 눈치를 채고 반문했다. 직감적으로 일본으로 가려는 것으로 알았다는 것이다. 그때 그의 대답은 "여비는 친구들이 마련해 준다고 했으니 아무 걱정 할 필요가 없습니다."라고 대답했다.

그러나 그의 얼굴은 굳어졌고, 다시는 불귀의 몸이 될지 모르는데 모친께만은 알리지 않을 수 없었던 것이다. 모친은 그제야 근무지인 신천으로 가지 않은 이유를 알았다. 총총히 모자의 발걸음은 무거워지면서 침묵의 순간이 흘렀다. 그의 가슴에는 이제 떠나면 또다시 모친을 못 보게 될지도 모를 일이고 또한 사랑하던 부인이 귀여운 아들을 낳고 몸져누워 있는 모습과 아들의 모습을 환상으로 그렸다. 이러는 순간 처가 마을 앞에 다다르자 그때 그는 침묵의 순간을 깨고 "어머님 그럼 안녕히 계십시오. 저는 곧 신천으로 가겠습니다."라고 말하는 것이 아닌가. 그때 모친은 "아니 여기까지 왔는데 너의 처가에 가서 네 처도 만나보고 아들도 보아야 된다."라고 함께 갈 것을 권유했다. 그러나 그는 "아니올시다. 저는 곧 신천으로 가야 합니다. 안녕히 계십시오." 하고는 곧 발걸음을 되돌리는 것이었다. 이것이 그가 마지막 남긴 혈육(모친)간의 대화이다. 모친은 그의 깊은 뜻을 모르고 젊은 나이에 아기를 낳은 것이 부끄러워 그러는 줄만 알고 얼떨결에 그를 떠나보내게 되었지만 조 의사는 자신의 용단이 식어질까 두려워 처자식을 목전에 두고 보지 않은 채 고향집으로 돌아와 간단한 짐을 챙겨 신천으로 향했다. 사사로운 정에 끌려 조국 광복의 뜻을 세운 사나이의 기개를 흐리게 할 수 없었던 것이다.

그는 신천에 도착한 후 동료선임자인 여중구 등 6명이 마련해 주는 여비를 갖고 서울을 거쳐 부산에 가서 선편으로 용약 현해탄(玄海灘)을 건너 일본에 도착했다. 참으로 의지의 남아 그의 주먹은 철통같이 굳어 있었고 눈앞에는 오직 적의 괴수의 목이 작열할 뿐이다. 일본에 건너간 후 한 달 남짓 만에 고향집에 그로부터 편지가 왔는데, 그 내용은 일본에 와서 잘 있으니(大阪) 걱정 말고 이 편지는 보고 곧 찢어 없애거나 불에 태우고 답장은 결코 하지 말라는 것이다. 그 후 한 달에 1회 정도 자기 소식만 전하고 여기 답장은 하지 말고 편지는 없애버리라는 내용이었으며, 지금 유독자 조혁래가 보관하고 있는 사진 한 장도 그때 보낸 것이다.

그는 부산을 떠날 때부터 아케가와 도요오라고 위장했고 일찍이 익혀둔 일어 실력은 그의 신분을 숨기고 일인 행세를 하기에 충분했다. 그는 일본 각지를 돌면서 형편을 살피고 난 후 오사카에 정착했다. 여기에서 전기회사 직원, 아다치메리야스 상점원으로 전전하면서 밤에는 오사카상공전문학교에서 수학했다. 이와 같은 사정은 『기려수필』에서도 다음과 같이 지적하고 있다.

庚申(1920년 誤字이고, 當該年은 丙寅 1926年이다: 필자 주) 往日本
乃漂浪四方丙寅志苦學 往大阪某電氣會社職工 後往安達메
리야스 商店 晝則視務 夜則學商工校卒業

이라 해, 그야말로 주공야독(晝工夜讀)을 해 선진 학문을 배우기에 몰두했던 것이다. 그러한 가운데서도 그는 한 달에 한두 번씩 부모 및 가족과 신천군청의 동료 선임자인 여중구 그리고 보통학교 시절에 의사인 고익균 등에게 안부의 편지를 했다. 이 편지의 내용은 한결같이 잘 있다는 간단한 내용과 회답은 하지 말고, 보낸 편지는 읽고 보관하지 말고 곧 소각해 없애버리라는 것으로 자기의 의거 후의 후환을 미리 예측한 것으로 자기로 인한 다른 사람에게까지 피해를 주지 않으려는 철저한 보안까지 예측했다. 자기의 편지는 전하면서 회답은 하지 말것과 편지는 소각해 버리라는 정도로 자식으로 효성이 지극했고, 친구에는 우정이 두터웠으며, 부인에게는 남편으로서의 할 일을 항상 잊지 않고 있다는 마음씨의 한 표시였다. 그는 이렇게 모든 것을 면밀 주도한 계획으로 철저하게 실천에 실천을 거듭해 일본에서 적 괴수를 자신의 손으로 처단하고 민족의 이름으로 응징할 것을 결심했으나 그 뜻을 펼 마땅한 기회가 오지 않자 상하이 대한민국 임시정부(이하 임정이라고도 약함)로 가려는 목적에 앞서, 중국대륙에서 가까운 타이완으로 가기로 결심했다. 이와 같은 그의 굳은 결의는 『유방록』에서 다음과 같이 언급하고 있다.

至一九二七年十一月 決難大阪 意謂大阪非擧事之地 遂變姓
名謂趙明河豊雄 渡臺俟機刺臺督山上(上山: 필자 주)

이라 했다. 그는 1927년 11월에 일본 오사카를 떠나기로 결심을 하고, 오사카는 거사할 곳이 되지 못해서 드디어 아케가와 도요오라 변성명을 해 타이완을 건너가 당시 타이완 총독 가미야마(上山)를 자격할 기회를 노렸다는 것이다. 이러한 결의는 그의 보다 강렬한 항일의식 행위의 형성과정의 일단을 다시 한 번 엿볼 수 있는 것이다.

04. 타이완 항일 의거

조 의사는 단신으로 일본 고베항(神戶港)에서 출발하는 선편을 이용해서 타이완 기륭항(基隆港)에 상륙해 곧바로 타이베이 시에 도착했다. 여기에서 유숙하면서 직업소개소에 구직을 했으나 직장을 구하지 못하고 그해 16일에 타이중 시에 도착해서 5일가량 무료숙박소에 묵은 후에 그곳 직업소개소의 알선으로 타이중 시 영정(현재 타이중 시 계광로 52번지)에 있는 부귀원이라는 일인 이케다 마사히데(池田正秀)가 경영하는 차포에 기사로 고용되어 취업해 한 달에 10위안의 보수로 생활하면서 차 배달도 하면서 낮에는 차엽농장에서 주로 일을 했다. 그는 여기에서 궁성 현(宮城懸) 선대 시(仙臺市) 지정(池町) 3정목(丁目) 310번지 평민 아케가와 데쓰시로(明河鉄四郎)의 장남 아케가와 도요오라 위명(僞名)하고 능란한 일어가 차포는 물론 일반 사람도 조금도 한국인이라는 것을 알지 못했다. 그가 일인으로 위장해 행세했던 것은 그들과 가까이 할 수 있으므로 쉽게 거사의 기회를 잡을 수 있을 것으로 여겼기 때문이었다. 한편, 그는 그곳에서도 아케가와 도요오란 위명으로 열심히 일하며 신망을 얻으며 그의 신분의 의심의 눈치를 피했던 것이다.

그는 타이완에 와서 한 달에 1회 정도 부모에게 보낸 편지 내용 중에서도 항상 안부와 자신이 잘 있다는 것 그리고 그곳 풍경을 기록해, 한국은 겨울인데 타이완에서는 꽃이 피고 초록이 무성한 좋은 기후라는 내용도 쓰여 있었다. 그때 편지에도 일본에서와 마찬가지로 편지 회담은 하지 말고 본 편지는 꼭 소각 해버리라는 것을 간곡히 부탁했기 때문에 거사 후에는 일본 관헌도 충분한 증거를 찾지 못했다.

이와 같은 사실은 그의 의거가 오래전부터 계획된 것으로서 독립투사로서의 의지가 확고했음을 다시 말해 주는 것이다. 당시 그의 청일전쟁 이후 일본의 강점으로 우리나라와 같이 일제 침략 하에 놓인 이역만리 타이완에서도 자행되는 일제의 수탈과 행패를 보면서 국내에서 고통 받고 있는 동포들을 보는 듯했다. 또한 그들의 수탈과 행패를 목도한 그는 대담하고 항상 애국에 불타고 있는 그의 신념을 끊임없이 자라나게 하고 있었다. 타이중에서 여섯 달(1927. 11~1928. 5)이란 세월을 그는 더욱더 그런 생각 속에서 보냈다. 그동안 그는 타이완 가미가와 총독을 자격해 항일의 기세를 올릴 기회를 엿보기도 했다. 이어 그는 차엽농장 기사로 일하면서 임정으로 갈 수 있는 방법을 모색하는 한편 타이완인(민인<閩人>) 장천제로부터 보검도를 구입해 가지고 그로부터 농장의 숲속에 숨어서 검술을 연마했다. 그리하여 그는 언제든지 상용할 수 있도록 보검도를 숫돌에 날카롭게 갈아서, 앞서 한약방에서 습득한 독약 조제술로 칼날에 독극물을 발라 놓는 등 유사시에 적 괴수를 처단할 수 있는 기술의 연마에 열중했던 것이다.

이러한 그의 생활은 이미 계획된 단계의 하나로 볼 수가 있으며 언제 어느 때 적 괴수를 만나더라도 능히 처단할 수 있는 만반의 준비과정으로 보아야 할 것이다. 그러나 그 기회는 좀처럼 오지 않았다. 당시 일본은 중국대륙을 침략하기 위해 산동성에 출병할 준비에 여념이 없었다. 타이완은 일본의 중국대륙 침략의 전초기지로서 대단히 중요한 위치에 있었기 때문에 일군(日軍)이 그곳에 많이 주둔하고 있었다. 시기적으로 그들 타이완 주둔 일군을 검열한다는 것은 매우 중책을 띤 것이라 볼 수 있다. 그때 타이완 주둔 일군을 검열하기 위해 1928년 5월 타이완 주둔 일군 특별검열사로 구니노미야 구니요시 왕 육군대장이 타이완에 파견된다는 신문보도를 보고 절호의 기회가 온 것이라고 단정하고 그를 자살(刺殺)할 것을 작정했다. 구니노미야 왕은 일본의 스이코 천황의 5대손으로 황족이자 당시 일왕 히로히토의 삼촌이고 장인이며, 육군대장으로 독일 유학을 다녀와 군사참의관까지 역임한 일본 정계의 거물로 그 영향력이 대단한 인물이기도 하다. 따라서 일본으로서는 중국대륙 침략을 위해 산동성에 출병을 서두르고 있던 때라 타이완에 주둔하고 있는 일군의 검열은 철저했고, 또한 검열사의 신분적 위치로 보아 그들로서는 그의 환영과 경호에 신경을 곤두세우지 않으면 안 되었던 것이다. 이 절호의 기회를 만난 그는 며칠 밤을 상념에 젖어 감을 제대로 이루지 못했다. 그곳에서 일본의 거물인 구니노미야를 처단하느냐, 그렇지 않으면 상하이 임정으로 가서 다른 기회를 노리느냐, 임정으로 가더라도 나중에 이보다 더 큰 적 괴수를 만나서 처단하기는 어려울 것으로 단정해 여기에서 그를 처단해 민족의 이름으로 응징할 것을 결심했다.

그는 구니노미야가 타이베이, 타이난, 고웅(高雄), 병동(屛東) 등 각지의 주둔 일육군부대(日陸軍部隊)를 검열한 후 가의(嘉義)로부터 5월 12일 타이중에 와서 13일에는 타이중 일군분둔(日軍分屯) 제3대대의 검열을 무사히 마치고 마침내 타이중 시 지사관사에서 하룻밤을 묵고 이튿날(14일) 오전 10시 타이중역을 출발해 기차편으로 타이베이로 떠난다는 결정적인 정보를 입수했다. 그는 구니노미야가 지나갈 길(지사관사~타이중역)을 사전에 답사하고, 엄중한 경계망과 환영인파의 틈에 끼었다가 승용차가 서행하지 않을 수 없는 커브길에서 자격할 계획을 세우고 호시탐탐 시간만 오기를 기다리고 있었다. 이와 같이 그는 구니노미야의 동정을 예의주시하면서 기필코 그곳에서 처단할 것을 결심한 그의 강한 의지는《유방록》에서

　…公(조명하: 필자 주) 先是買寶劍於閩人(타이완인: 필자 주)張天弟 長尺餘 鋒茫射人公於是夜即五月十三日 在富貴園樹下 檢劍達夜 畜氣貯勇 立以待早…

이라고 해, 그는 의거 전야인 5월 13일에는 그동안에 차엽농장의 숲속에서 연마한 칼 쓰는 자격술을 다시 익히고 검도를 숫돌에 날카롭게 갈아 칼끝에 독극물을 발라 자격하기로 만반의 준비를 마치고 자격의 성공을 기원하며 온밤을 뜬 눈으로 세웠다는 것이다. 이튿날인 5월 14일 그는 아침 일찍이 여느 때와 마찬가지로 아무 말 없이 침착하게 차 배달을 마치고 보검도를 가슴 깊이 간진하고 집을 나섰다. 구니노미야 대장이 지나가는 타이중 시 대정 정(현재 자유로 2단) 도서관(현재 타이완성 합작금고) 앞 길모퉁이에서 경비병과 손에 일장기를 든 일인들과 그 밖에 환송 나온 인파 틈에 끼여 기회를 기다리고 있었다. 그곳에 타이중 지사

관사인 숙소에서 타이중역으로 가는 커브길에서 환영인파에 답례해 승용차의 속도를 줄일 것을 대비, 그곳에서 승용차에 뛰어올라 자격하려는 것이었다.

　오전 9시 50분 구니노미야 대장은 숙소인 타이중 지사관사를 출발해 무개차에 올라앉아 삼엄한 왜경의 호위와 헌병기마대의 선도행렬에 뒤이어 구니노미야는 오누마 무관장(武官長)과 동승하고 다나카(田中) 군사령관, 마쓰키(松木) 중장 이하가 기타 수행원 등이 탄 8대(량)의 열외에 타이중 사토(佐藤) 주지사, 총독부 모토야마(本山) 경무국장 이하가 분승한 5대의 승용차와 함께 관민이 도열한 도서관 앞으로 다가왔다. 그의 눈에는 서광이 일고 손과 이마에는 땀이 흐르고 가슴에는 민족혼의 부르짖음이 고동쳤을 것이다. 9시 55분 구니노미야 대장이 탄 승용차는 도서관 앞에 이르렀다. 그런데 도서관 앞 커브길에서 차가 왼쪽으로 핸들을 꺾으면서 잠시 속력을 늦추는 이 순간, 그는 보검도를 뽑아들고 연도에 환송 인파를 제치고 차도로 재빠르게 뛰어들어 구니노미야가 탄 무개차 뒤쪽에 뛰어올라 자격하려 했으나 '차황(車幌)'이 장애가 되어 그 뜻을 달성치 못했다. 그때 같이 탄 오누마 무관장이 창졸간에 이를 부축해 가로막았으며, 동시에 운전수도 위험을 감지하고 차는 속력을 내기 시작했다. 그러나 그는 다시 구니노미야를 향해서 독검을 힘껏 던졌다. 혼비백산한 구니노미야는 엉겁결에 호복기수(狐伏其首), 즉 그 머리를 여우와 같이 숨기어서 독극물을 바른 단도는 구니노미야에게 적중하지 못하고 빗나가 그의 어깨 위에 '찰과상'을 내고 빗나가 운전수의 등을 찔러 경상을 입히고 말았다. 그런데 이와 같은 당시 의거를 일제는 극비에 붙여 한 달 동안(5월 14일~6월 14일)이나 언론까지 보도를 관제해서 왜곡보도를 서슴지 않았고, 해금된 후 처음으로 보도된 신문기사 내용을 유의해서 보면 역시 다분히 그 실상이 조작된 부분이 적지 않다고 본다. 즉,《중앙일보(中央日報)》중화민국 17년(1928) 6월 15일자에서

前久邇宮殿下被任特別檢閱使 前往臺灣 時於五月十四日午
前九時五十五分 由 臺中知事官邸宿所 赴臺中車站 途中由沿
途列堵之官民間 忽躍出怪漢一人 持短 刀追攀 殿下所乘汽車
用手伸入殿下身後之車幌(방점: 필자) 其時因汽車速力極快
與大沼隨從武官以身庇翼殿下 故怪漢遂忽以刀向殿下投去
殿下將身躲避 短刀 擦過肩上刀柄擊中駕駛者之左背 殿下得
未受微傷

이라 했고, 또한《상하이민보(上海民報)》는 같은 일자에서

日前久邇大將宮親王被任特別檢閱使 前往臺灣 五月十四日
午前九時五十五分 由臺中知事官邸之宿所 赴臺中車站 沿途
環列如堵之官民間 忽躍出怪漢一人 持 短刀追攀親王所乘汽
車 用手伸入親王身後之車幌 其時因汽車速力極快 並有大 沼
隨從武官以身庇翼親王 故怪漢遂以刀向親王投去 親王將身
避 短刀擦過肩 上 刀柄擊中駕駛者之左背 親王得未受微傷

이라 해 두 상하이판 신문은 특히 조명하의 순간적인 의거 장
면에 대해서 그가 뽑아든 단도를 구니노미야를 향해 던졌으나
그가 몸을 피하는 바람에 단도는 그의 어깨 위에 찰과상을 내고
칼자루는 가사자(駕駛者, 운전수: 필자)의 왼쪽 등에 적중하고 구니노
미야는 미상도 입지 않았다고 했다. 그리고 조선총독부 기관지
《해일신보(海日新報)》도 같은 일자에서 역시 의거의 경위를 '현장
의 모양'이라고 해서 처음부터 끝까지 말하면서 한 번의 구니노
미야를 자격하려던 것이 '차황'에 걸리어 성공을 하지 못한 그는
다시 단도를 뽑아 들고서

전하(殿下)를 향(向)해 단도(短刀)를 투척(投擲)했으나 이도 또한
특히 전하(殿下)의 견상(肩上)을 비(飛)하야 운전수(運轉手)의 배부
(背部)에 중(中)하야 소지(小指) 끝만치 상처(傷處)를 생(生)케하고

단도(短刀)는 차내(車內)에 낙(落)하야 전하(殿下)께는 사소(些少)한 피해(被害)도 없다고 극구 구니노미야의 찰과상을 부인했다.

이어 《타이완민보(臺灣民報)》 1928년 6월 17일자에는

故此犯人 將短刀望殿下投擲 但未及觸於殿下的身邊 而中於 前方運轉手之左背部使他負了微傷

이라 했고, 또한 《상하이민보》 1928년 6월 23일자에서는

犯人及以短刀擲親王 不及 中前面汽車年手背 負微傷

이라 해, 두 신문은 구니노미야에 단도를 던졌으나 자격하려는 목적에 미치지 못하고 그의 신변에는 닿지 않았으며, 운전수의 왼쪽 혹은 손등에 경상을 입혔다고 했다.

위에서 본 신문기사 내용은 대체로 거사 현장 전반에 걸친 사실 보도는 하고 있다. 그러나 그는 한 번에 구니노미야를 자격하려는 애초의 계획이 차황에 걸려 성공을 하지 못하고, 그는 다시 단도를 뽑아 들고서 구니노미야를 향해서 던진 순간적인 장

면, 즉 거사에서 구니노미야가 입은 찰과상을 아무렇지도 않게 적당히 얼버무려서, 운전수만이 경상을 입고 구니노미야는 가벼운 상처도 입지 않았다고 했다. 상하이 판《중앙일보》와《상하이민보》는 그들의 보도 관계에서 조작된 기사 내용을 전문(電文, 도쿄 14일 도쿄전<東京電>)으로 받아 그대로 전재(轉載)한 데서 오류를 범한 것이고,《매일신보(每日新報)》는 조선총독부 기관지라는 것과《타이완민보》는 현재 의거를 부정적으로 보는 신문(동 민보 10면에 '타이완불상사건<臺灣不祥事件>' 참조)인 것을 감안해 볼 때 석연치 않은 점이 적지 않으며, 그 실상은 찰과상이란 미상(微傷)을 입은 것을 조작한 것이라 볼 수밖에 없다. 그리하여 자격을 받아 찰과상을 입은 구니노미야 대장은 가벼운 자상(刺傷)으로만 치료했기 때문에 보검도에 발랐던 독극물의 여독으로 독이 온몸에 퍼져 앓다가 8개월 만에 죽었던 것이다.

　조명하는 구니노미야를 자격한 후 접근하려는 왜병과 왜경 앞에서 '대한독립만세'를 크게 부르고 혼연히 웃음을 지으면서 당황하고 있는 군중들을 향해 말하기를

爾等勿驚 我爲三韓(大韓: 필자 주) 報仇耳

라고 해, "여러분들은 놀라지 마십시오. 나는 조국 대한을 위해 복수하려는 것입니다."라고 크게 외친 후 현장에서 태연하게 왜경에 의해 피체되어 곧 타이중경찰서 지하실 형사과에서 심문을 받고 검찰에 이송되었다. 그때 그의 나이는 약관 24세이었다. 그날을 위해 그는 많은 분노를 터뜨렸으며 심신 단련을 했던 것이다. 많은 우리의 애국지사들은 조직을 갖고 배후인물이 있음이 특색이다. 그런데 그는 그 뜻을 주변 인물들에게 전한 바 있고, 큰 뜻을 품고 임정으로 가는 도중 이보다 더 큰 적 괴수를 만나기 힘들 것을 알고 단독으로 결행한 것이다. 그 당시 현장 목격자이고 형사실에서 그를 감시한 타이완인, 왜경(순사)인 임문향으로부터 피체 직후의 사정을 들어보면 그는 의거 현장 가까이에서 경비를 맡고 있었기 때문에 현장을 그대로 목격했고, 조명하를 현장에서 직접 피체한 자는 타이완인 왜경 정유제, 황복삼(黃福三)과 타이중여자중학교 일인 훈도(訓導)였던 우치다 겐키치이었다. 타이중경찰서로 연행해 온 사람은 동료인 정, 채 순사 등이었고 형사실에 압송되어 와서 자기가 2시간 감시하고 있었다는 것이다. 그때 조명하는 의거 현장인 도로상에서 포승줄로 두 손을 뒤로 묶여서 경찰서에 호송되었고 형사실 시멘트 바닥에 꿇어 앉혔는데, 그의 얼굴은 굳어 있었고, 입이 마르니 물을 좀 달라 하기에 당시의 형사과장인 일인 다기사와에게 보고했더니 자살할지 모르니 아무것도 주지 말고 잘 보호하라는 명령을 받고 물을 주지 않았다는 것이다. 그때 그는 혀를 깨물고 자살하려는 눈치였고, 매우 고통스러워하더라는 것이다. 그 후 자기가 들은 바로는 조명하는 구토를 해 의사를 불러 세장을 했는데, 4일간 의식이 없었다는 것이다.

이는 의거 직전에 이미 준비한 자살약을 먹었는데 완전 소화를 위해 물을 요청한 것으로 볼 수밖에 없다. 따라서 그는 이미 각오한 바대로 자살을 기도했는데 세장함으로써 4일 만에 소생했음이 입증되었다. 또한 당시 조명하를 현장에서 직접 피체한 순사 정, 황은 두 계급 특진되었고, 훈도 우치다는 포상을 받았던 것이다. 그리고 자기는 순사 직위로 근무했는데 25원의 봉급을 받았다는 것이다. 또 한편 이 의거 후 타이완 총독부의 총독을 비롯해 각 국장 등이 모두 파면이나 경질 또는 감봉되는 매우 큰 거사이었다는 것이다.

그리고 조명하의 의거를 극비에 붙여 한 달 동안이나 언론 보도를 금지시키고 배후인물을 색출하기 시작했다. 무엇보다 일차로 수사의 대상이 된 것은 가족들과 측근이었다. 타이완 가미야마 총독은 조선 야마나시 총독의 협조를 요청해 관련자의 색출을 위해 황해도 송화군, 신천군 등지에 형사대를 파견해 사건의 전모를 밝혀내려고 혈안이 되고 있었다. 송화경찰서와 하리면 주재소의 형사대가 조명하의 고향집을 수색했으나 아무런 단서나 근거를 찾아낼 수가 없었다. 그러나 타이완 총독부에서는 다시 그의 의거는 고향에 연루자가 있는 듯하다 해서 그해 5월 말경에 보안과장 고바야시 미쓰마사(小林光政)가 경부(警部) 2명을 대동하고 극비리에 우리나라에 출장 온 그들에게 조선총독부에서도 협조를 아끼지 않았다. 고바야시 일행은 그의 향리를 면밀히 조사한 결과 교시나 사주한 연루자가 없다는 것을 단정했다. 이와 같은 사실을『기려수필』에서도 동일하게 지적하고 있다.

欲殺竟不中被逮 朝鮮山梨總督 聞之大驚 卽與臺灣總督上山 相聯絡調査 明河年十三離故鄕(十三은 오자이고 당해 연령 22이다: 필자 주) 是時非要視察人故不得端緖 又上山依供辭及往復書 知松禾金某 吳某乃敎唆 晦日使保安課長小林光政 率警部 二人 出張松禾 山梨復大驚應援 小林至松禾 捉被疑者審問 亦無共犯[05]

이라 해, 결국 배후인물이 없는 단독 범행으로 귀결되었다. 그

05. 국사편찬위원회 한국사데이터베이스 참고(http://db.history.go.kr/id/sa_002_0110_0330)

러나 이러한 결정을 내릴 때까지 주변 사람들의 고통은 말할 수 없이 심했다. 그중에서도 특히 그의 부친 조용우와 백씨 명제가 연행되어 경찰서에 수감된 지 한 달 만에 부친은 풀려나고, 백씨는 석 달 만에 출감되었다.

또 한편 당시 타이완에는 우리 교민이 약 3,000명이 각지에 있었고, '상애회'라는 것을 조직해 살고 있었다. 이들 교포 역시 가족과 측근들 못지않게 고통을 받았다. 조 의사의 의거 전에 한국인들은 타이완인들 보다 우대를 받았고 일인과 같은 예우를 받았다. 거사 후부터는 집집마다 관할 경찰서의 형사들의 감시를 받았으며 배후인물이 없는 단독 의거이었음이 확인될 때까지 우리 교민들의 고통과 내사는 그치지 않고 계속 왜경의 심한 압박과 고통을 받은 교민들이 화련에 있는 일본 신사를 습격, 파격했다는 것이다. 또한 당시 그의 의거를 타이완인은 모두 기뻐했고, 우리 타이완인이 처단해야 할 일을 한국인인 조명하가 했다며 타이완인이 못한 것이 매우 부끄러울 뿐만 아니라 참으로 용감하고 통쾌한 일이라고 모두가 이야기 했다는 것이다. 이와 같은 사실은 역시 중국인 특히 타이완인에게 항일투쟁의 모범을 보여주었던 것이다.

05. 항일 의거의 의의

앞에서 본 바와 같이 조 의사는 의거 현장에서 피체되어 타이중경찰서 형사과에서 심문을 받고 검찰에 이송되어 약 두 달 동안 배후인물을 찾기 위해 고향의 가족은 물론 그가 그 동안 접촉한 인사들을 괴롭혔다. 그뿐만 아니라 타이완 교포까지 괴롭혔으나 결국 배후가 없는 단독 의거로 귀결짓게 되었다.

그리하여 그는 약 두 달 동안 예심을 끝내고 그해 7월 7일 오전 8시 30분 타이완고등법원 상고부 특별공판정에서 이른바 '황족위해죄'와 '불경사건'으로 특별공판에 회부되었다. 이 공판정에는 이와마쓰 검찰관, 가네코 재판장을 비롯해서 야마다, 도모노, 아네하, 사누이 등 4판사가 배석했고, 타이완 변호사협회의 안보, 가네코 등 두 관선변호사가 변호를 맡았다. 물론 일반인의 방청은 금지시키면서도 그들 나름의 이른바 고위층 인사라는 자들인 고토(後藤) 고등법원장, 우노(宇野) 지방법원장, 가미우치(上內) 검찰관, 만기(万喜) 헌병대장, 한오(版尾)분대장, 구보(久保) 박사, 시즈하타 형무소장, 법원판관, 몇 명의 신문기자 등이 방청이나 참석이 허용될 정도이었다. 이 법정에서 그들의 이른바 형법 제75조 '황족에 대해서 위해를 가한 자는 사형에 처하고 위해를 가하고자 한 자는 무기징역에 처한다.'를 적용해서 심리를 진행했다. 11시 45분에 잠시 휴정했다가 오후 1시부터 공판을 재개해 이와마쓰 검찰관의 구형 논고와 안포, 가네코 두 변호인의 변론이 있은 후 3시경에 결심을 했다. 이어 7월 18일에는 오전 9시에 다시 타이완고등법원 상고부 특별공판정에서 재심을 거치는 형식을 취해 전격적으로 사형 언도를 내렸다. 법정에 선 조명하는 죄인 번호 '152호'를 가슴에 달고 의연 불굴의 자세로 대한 남아의 장부다운 높은 기백을 보여주기도 했다. 가네코 재판장으로부터 사형선고가 내려지자 잠시 숙연한 자세로 눈물을 지었으나 곧 태도를 돌변, 몸을 꼿꼿이 세워 의연한 자세로 퇴장했다. 또한 당시 타이베이형무소장 시즈하타 지라이는 역시 "조명하는 이전부터 사형을 각오하고 있어 사형선고를 받고 형무소에 돌아와 수감된 후에도 별다른 태도를 볼 수 없으며 편안한 생활을 하고 있다."라고 말한 것은 그의 고결하고 늠름한 민족애와 조국의 독립을 위한 불굴의 정신의 일단을 엿볼 수가 있다. 이미 각오한 순국의 그날을 기다리며 담담한 심경으로 형무소 생활을 하고 있던 그는 그해 10월 10일 오전 10시 정각 감방을 나와 사형집행 선언이 내렸다. 그는 사형집행 전, 즉 순국 직전 소감을 묻는 임석관에게 다음과 같은 유언을 남겼다.

나는 삼한(대한: 필자 주)의 원수를 갚았노라.

아무 할 말은 없다.

죽음의 이 순간을 이미 오래전부터 각오하고 있었다.

다만 조국 광복을 못 본 채 죽는 것이 한스러울 뿐이다.

저세상에 가서도 독립운동을 계속하리라.

고 말하고 '대한독립만세'를 힘차게 외치며 합장하고 교수대로 총총히 걸어서 곧 사형이 집행되었다. 때는 1928년 10월 10일 오전 10시 12분, 형이 집행되고 15분인 10시 27분 그는 조국의 광복을 위해 순국한 것이다. 형이 집행된 후 입회관의 검시가 끝나고 그의 유해는 승려의 독경 속에 타이베이 시 육장리에 있는 형무소 묘지에 안장되었다. 장례 때 가족의 참석도 없었다. 얼마나 무모하고 포악한 것인가. 천벌을 받아 마땅할 것이다.

이와 같이 순국한 조명하의 유품이 1928년 11월 말 어느 날 말 없이 황해도 송화군 하리면 장천리 310번지 고향집으로 관할 주재소의 경찰이 가져와 감시하는 매서운 눈초리로 배달되었다. 그 유품을 보고서야 가족들은 그가 순국했음을 확인했다.

이 유품이 배달된 후 얼마 안 가서 타이베이형무소장 이름으로 그가 순국한 후 한국식 장례를 치르고 잘 안장시켜 놓았으니 유해를 찾아가라는 통보가 와서 이 유골을 가지러 가겠다고 통보를 하니 그곳까지 오게 되면 여비도 많이 들 터이니 자기들이 유골을 잘 봉안해서 보내겠으니 그 비용을 보내 달라는 통보를 받고, 그들의 요구액인 260여 원을 타이완으로 보냈다. 이렇게 일제는 자기들이 사형을 시키고 또 그 유해를 호송하는 비용까지 요구했으니 얼마나 잔인하고 인간미가 없는 자들인가를 짐작하고 남음이 있다.

1931년 4월 초 그의 유해를 봉안해서 선편으로 보냈다는 타이완으로부터 통보를 받고, 얼마 후 유해가 송화에서 가장 가까운 해주면 해안에 있는 옹진군 소강이라는 곳에 도착했다는 연락을 받고 곧 그의 형 명제가 가서 모셔왔다. 이때가 그해 4월 중순, 조명하가 고향을 떠난 지 4년 6개월, 순국한 지 2년 6개월 만에 말 없는 유골로 환국한 것이다.

이 유품과 유골을 본 가족들의 심정이야 오죽 슬퍼했을까마는 마을 사람들도 온통 슬퍼했는데, 당시 그의 부친은 눈물을 지으며 담담한 표정으로 "대장부가 할 일을 하고 왔구나! 장한 내 아들아! 내 생전에 일본놈이 말하는 꼴을 보고 죽을 것이다."라고 말했다. 이러한 그의 부친은 8·15 광복 후 3개월 만에 돌아가셨다. 그리고 그의 유일한 혈육인 조혁래는 당시 겨우 4세로 철없이 뛰어노는 그를 본 마을 사람들은 더욱 측은한 생각을 했다는 것이다. 또한 조 의사의 유해를 맞이한 가족들은 곧 장례절차를 논의하기 위해 종중회의를 열고 종중산에 안장키로 결정했다. 그러나 경찰 당국은 장례일까지 지켜보면서 종중묘지에 묘지를 못 쓰게 하고 장천리 공동묘지에 장례할 것을 강요해 하는 수 없이 공동묘지에 안장했다. 이렇게 일제는 말없이 환국한 그의 유해의 안장까지 간섭해 고인은 물론 그의 가족까지도 또 다른 슬픔을 안겨 주었다. 참으로 그들의 만행은 급기야 8·15 광복으로 그들은 이 땅에서 물러나게 된 것이다. 광복 후 향리의 유지들의 성의로 그의 추모비가 고향 입구에 세워졌으나 정부는 1963년 3월 1일을 기해 조 의사에게 대한민국 건국공로훈장 단장(單章, 국민장: 필자 주)을 추서해, 국립묘지에 새로이 유품과 유골도 없는 묘지를 마련했다. 조국 광복을 위해 순국한 의사나 열사는 많지만, 대개는 계통과 배후조직이 있는 거사이었다. 그러나 조 의사의 의거는 단독 항일 의거로서 지금까지 제대로 알지 못하고 독립운동사에도 거의 제대로 언급이 되어 있지 않았던 것이다. 그의 의거의 성격이나 그 의의는 우리 항일독립운동사상 재평가되어야 할 것으로 생각한다. 조 의사의 의거는 앞서 본 김상옥, 김지섭, 송학선, 나석주, 남자현 등 의거를 비롯해서 중국

대륙이나 일본에서 거사를 한 안중근, 이봉창, 윤봉길 등 의거와 함께 우리들에게 굳건한 의지력과 독립정신을 고취시킨 쾌사(快事)이며 장거(壯擧)이었다. 특히 그중에서도 조명하의 의거는 안중근, 윤봉길의 경우와 대체로 서로 대비해서 보아도 그 비중에 있어서 크게 평가되어야 한다는 것이다.

안중근 의사는 황해도 해주 출신으로(1879) 어려서부터 한학을 배웠고, 14세 때 신천에 와 있던 프랑스 신부 아래에서 천주교 신자가 되었다. 기질이 활달해 산속으로 사냥을 다니면서 총 쏘기를 좋아했고, 사격에 숙달해 작은 산새들도 쏘아 맞혔다. 1905년 을사조약(乙巳條約)이 체결되자 일본에 대한 적개심에 불타, 1907년 7월에 강원도에 들어가 의병을 일으키고 일군과 싸우다가 북간도(北間島)를 거쳐 노령(露領) 블라디보스토크에 망명했다. 1909년 이범윤(李範允), 최재형(崔在亨)과 함께 의용군을 조직하고 좌익장군(左翼將軍)이 되어 두만강을 건너 경흥(慶興)에 들어와 일군 50명을 사살하고 회령(會寧)까지 진격하며 적과 교전했다. 그해 우리나라 침략의 원흉인 이토 히로부미(伊藤博文)가 러시아 장상(藏相) 코코프체프(Kokovtsev)와 만주 하얼빈(哈爾濱)에서 만나기로 되었다. 안중근은 이 기회에 그를 죽이기로 결심하고 10월 26일 하얼빈역에 닿아 일본 사람을 가장하고 경계망을 뚫은 후 그에게 접근해 권총으로 이토를 사살해 즉사케 했다. 그때 안중근은 거사의 성공을 기뻐해 '대한독립만세'를 외치고 태연히 포박을 당했다. 뒤에 여순(旅順)감옥에 수감되어 끝까지 굽히지 않고 항변하다가 이듬해 3월 26일 오전 10시 일제의 형장에서 순국했다. 정부에서는 1962년 3월 1일 대한민국 건국공로훈장 중장(重章)을 추서했다.

윤봉길 의사는 충남 예산군(禮山郡) 덕산면(德山面) 출신으로 (1908), 어려서 보통학교(초등학교: 필자 주) 2학년을 중퇴하고 한학을 배웠다. 1926년 18세 때 중국 상하이에 건너가 모직공장 직공, 세탁소 외교원으로 일하다가 1931년 김구의 한인애국단(韓人愛國團)에 들어갔다. 그 뒤 직접 왜적에 대항해 투쟁할 기회를 찾던 중, 1932년 4월 29일 이른바 일본의 천장절(天長節)을 기해 일본이 상하이사변(上海事變)에서 승리한 전승축하회를 상하이의 홍구공원(紅口公園)에서 여는 것을 알았다. 이날 오전 11시 40분 윤봉길은 폭탄을 몸에 품고 경비가 삼엄한 식장에 뚫고 들어가 식장 정면에 명중, 폭발시켰다. 당시 중국에 있던 최고위급 왜인들이 한자리에 모인 이날 식장에서의 이 거사로 일본 거류민단장 가와바타(川端)는 폭발 현장에서 즉사하고 최고사령관 시라카와 요시노리(白川義則) 대장은 전신에 24개 처의 파편을 맞고 5월 26일에 죽고, 제3함대 사령관 노무라 기치사부로(野村吉三郎), 제9사단장 우에다 겐키치(植田謙吉)[06], 공사 시게미쓰 마모루(重光 蔡) 등이 중상을 입었으며, 그밖에도 10여 명의 왜인들이 중경상을 입었다. 거사 직후 윤봉길은 도피할 생각도 않고 '대한독립만세'를 부른 후 피체되어 그해 5월 29일 오사카로 이송되고, 6월 21일 군법회의에서 사형이 즉결되고 12월 19일 오사카위수(威戍)형무소에서 24세를 일기로 일제의 손에 의해 순국했다. 정부에서는 1962년 3월 1일 대한민국 건국공로훈장 중장을 추서했다.

조명하의 경우는 앞서 본 바와 같이 그의 생애와 항일의식 행위의 성장배경은 그에게 조국 광복을 기필코 성취해야겠다는 의지를 더욱 굳게 다짐케 했고, 그리하여 그는 적국 일본에 잠입, 오사카에 정착해서 주경야독을 하면서 기회를 엿보았으나 일본에서는 그 뜻을 펴 볼 마땅한 기회가 오지 않았다. 임정으로 가려는 목적에 앞서, 1927년 11월 타이완에 건너가 부위원이란 일인 차포에 차엽농장에 기사로 있으면서 거사의 호기를 찾고 있던 중 1928년 5월에 타이완 일군 특별검열사로 파견된 구니노미야 육군대장을 예리한 독검으로 자격해, 구니노미야가 그때 입은 자상의 여독으로 결국 8개월 만에 죽게 한 장거였다.

---

06. 원문의 '요시다 겐키치(吉田謙吉)'를 '우에다 겐키치(植田謙吉)'로 수정함.

첫째, 이 세 의거가 시기적으로 보아 안중근의 경우 한국침략의 원흉인 이토 히로부미를 중국 동북지방인 하얼빈에서 1909년 10월 26일 사살한 거사로 우리나라가 일제에 의해서 병탄(倂呑)당하기 약 1여 년 전의 장거이었다. 윤봉길 경우는 일본이 중국 동북지방에서 1931년에 이른바 만주사변(滿洲事變)을 일으켜 만주국을 수립하고 이어, 1932년에 상하이사변을 일으켜 호시탐탐 중국대륙 침략을 노린 시라카와 요시노리 대장을 폭살케 한 장거이었다. 조명하의 경우에는 당시 일본은 중국대륙을 침략하기 위한 산동성 출병을 앞두고 그 전진기지인 타이완 주둔 일본 특별검열사로 구니노미야 육군대장을 파견하게 되었다. 당시 그들 주둔 일군을 검열한다는 것은 매우 중책을 띤 것이라 아니랄 수 없다. 이 구니노미야를 자격해 죽게 한 장거이었다.

둘째, 의거의 대상이 된 인물로 볼 때 안중근의 경우 한국침략의 원흉이며 내국총리대신(內閣總理大臣), 우리나라 통감(統監) 등에 있었던 중신이었다. 윤봉길의 경우는 상하이 일본 거류민단장 가와바타, 최고사령관 시라카와 요시노리 대장, 제3함대 사령관 노무라 기치사부로, 제9사단장 우에다 겐키치, 공사 시게미쓰 마모루 등 일제의 중국대륙 침략의 선봉장이었다. 조명하의 경우에는 당시 일본 스이코 천황의 5대손으로 황족이자 일왕 히로히토의 3촌이고 장인이며 육군대장(자격 사후 원사(元帥))으로 독일 유학을 하고 군사참의관까지 역임한 일본 정계의 거물로 그 영향력이 대단한 인물이었다.

셋째, 의거의 현장에 있어서 모든 의거는 적국인 일본 국내 또는 당시 독립운동의 거점인 중국대륙으로서 배후인물이 있는 조직적인 데 반해서 조명하는 일본에서의 거사가 여의치 않아 상하이로 가던 중 구니노미야 대장을 만나 자격 살해케 한 것으로 아무런 조직과 배후인물이 없이 외롭게 단신 결행한 장거로서 더욱 큰 의의가 있었다고 볼 수 있다.

넷째, 조명하의 의거는 일본 조야에서 커다란 충격을 주었을 뿐 아니라 중국인 특히 타이완인들에게도 항일투쟁의 모범을 보여 주었던 것이다.

이 의거는 타이완 총독이 책임을 지고 사표를 제출했고 총독 이하 각 국장을 파면 또는 경질하는 등 대대적인 인사 조치가 취해지고 배후인물을 찾기 위해 한 달 동안이나 보도를 관제했고 한 달 후 해제가 된 이후에는 각 신문이 톱 기사로 크게 취급해서 보도했다. 구니노미야의 병세의 위독에서부터 사망, 장례 때까지 각 신문이 전 지면을 할애해서 보도하고 그들 귀족원(貴族院)이 휴회를 하고 애도를 한 충격적인 거사이었다.

또한 당시 타이완인들은 이 의거를 기뻐했고, 조명하에 대한 일제의 만행을 이구동성으로 분하게 생각했다. 우리 타이완인이 처단해야 할 일을 한국인인 조명하가 해내었다는 것이 참으로 용감하고 통쾌한 거사였다는 것이다.

06. 맺음말

조 의사는 1905년 황해도 송화에서 출생했다. 어려서부터 그의 가문에서 효제충의를 지킨 조상들의 행적에 감명을 받고, 또한 총명호학해서 부친으로부터 기초한학과 일제의 침략은 물론 민족의 수난사에 대한 깊은 지식에 많은 설교와 감화를 받았다. 그의 성품과 재질을 인정한 부친은 이웃 풍해면에 있는 저명한 한학자 김삼풍에게 수학하도록 했다.

이어 1918년에 4년제 풍천보통학교를 마치고 6년제 송화보통학교 5년 편해 1920년에 졸업했다. 재학 중에 학업 성적이 우수했고 생각이 깊으며 의지력이 강했다. 한편 동향인 안중근, 김구, 노백린, 나석주 등 애국지사들의 정신을 흠모하며 심신을 단련하기도 했다.

졸업 후에 송화읍에서 한약방을 경영하는 친족 조용기에게 한약 처방 제조술을 습득하면서 강의록에 의한 외국어(영, 독, 불, 일) 공부에 몰두해 상당한 수준에까지 이르렀던 것으로 알려졌다. 특히 일어와 영어는 능통했다.

그는 1925년 20세에 이웃 진풍면 오금전과 결혼했으나 집을 떠나 약방 일에 열중했다. 그러던 중 1926년 3월에는 신천군청 서기임용시험에 합격해 군청에 근무하게 되었는데, 일제하에서 약관으로 판임관 후보로 임용된 것은 대단한 실력이었다.

이제 그의 강직한 성품과 가문을 배경으로 그의 꿈의 의지가 굳어갔다. 더욱이 불의에 굴할 수 없음과 조국의 시련을 보고만 있을 수 없는 용기를 갖게 되었다. 그리하여 그는 동료들과 시국을 토론을 함에 있어서 논리가 정연했고, 항상 의분을 느끼기도 했다. 무엇보다 여릴 때부터 들어온 일제의 침략의 부당성에 울분을 터뜨리기도 했다.

그런데 그해는 국내에서 3·1 운동에 이어 6·10 만세운동이 일어났고, 송학선, 나석주 등 항일 의거가 잇달아 일어나 민족독립운동에 새로운 활기를 불어넣어 주고 있었다. 이에 그에게도 일제에 대한 분노가 용솟음치고 있었고 그를 다만 신천군청 서기로만 가만히 몸담고 있게 하지를 않았다. 그뿐만 아니라 조국 광복을 기필코 성취해야 하겠다는 의지를 굳게 다짐했다.

그는 드디어 그해 9월에 불과 6개월 만에 서기직을 사임하고 적의 소굴로 가면 그 기회가 쉽게 올 것이라는 생각이 들어 도일을 작정했던 것이다. 그때 그의 부인은 친정에서 유독자인 혁래를 출산한 후 조리 중에 있었다. 그는 이 소식을 듣자 그의 용단이 식어질까 두려워 처자식을 목전에 두고 보지도 않은 채 그냥 도일하고 말았다.

그때부터 그는 아께가와 도요오라는 이름으로 위장했고 일찍이 익혀둔 일어는 일인 행세를 하기에 충분했다. 일본 각지를 유랑하다가 오사카에 정착해서 전기 제작소 직원, 아다치메리야스 점원으로 전전하면서 거사 할 수 있는 기회를 엿보는 한편, 밤에는 상공전문학교에 수학했다.

일본에서 뜻을 펴볼 마땅한 기회가 오지 않자 그는 상하이 임정으로 가려는 목적에 앞서 1927년 11월에 타이완에 가기로 결심했다. 타이완에 도착한 그는 타이중 영정(현 계광로 52)에 있는 일인 이케다 마사히데가 경영하는 부귀원(현 남원→쾌객(快客))이란 차포에 차엽농장 기사로 일하면서 호기를 찾고 있었다.

그는 타이완 가미야마 총독을 처단해서 항일의 기세를 올릴 것을 결심하고, 타이완인(민인) 장천제로부터 척물(尺物) 보검도(칠

촌백도(七寸白刃))를 구입해서 그로부터 농장 수림에서 남몰래 검도술을 연마했다. 그리하여 보검도를 숫돌에 날카롭게 갈아서 한약방에서 습득한 극약 조제술로 독극물을 발라 기회만 노리고 있었다. 그러나 그 기회는 좀처럼 오지 않았다.

당시 일본은 중국대륙을 침략하기 위해 산동성 출병을 앞두고 그 전진기지인 타이완에 일군이 많이 주둔하고 있었다. 그들 군대를 검열하기 위해 1928년 5월에 일본의 황족이자 일왕 히로히토의 장인이며, 독일 유학을 다녀온 육군참의관까지 역임한 육군대장이며 일본 정계의 거물인 구니노미야가 타이완 주둔 일군 특별검열사로 타이완에 파견하게 되었다. 그는 절호의 기회가 온 것이라 단정하고 이를 자격할 것을 작정했다. 5월 14일 그는 구니노미야가 일군 검열을 마치고 타이베이로 가기 위해 타이중역으로 향하던 길목인 도서관 앞 모퉁이에서 일장기와 함께 넘쳐 흐르는 환송 인파와 경비원 사이에 숨어 있다가 그때 삼엄한 경계 속에서 구니노미야가 탄 무개차가 커브 길을 돌며 서행하는 차에 뛰어올라 독검으로 자격했다. 그는 구니노미야를 즉사시키지는 못했으나 이때 입은 자상(찰과상)의 독극물 여독으로 앓다가 8개월 만에 죽고 말았다.

조명하는 거사 현장에서 대한독립만세를 힘차게 부르고 당황하고 있는 군중을 향해 혼연히 웃음을 지으며 "여러분들은 놀라지 말라. 대한을 위해 복수하는 것이다."라고 외친 후 태연하게 왜경에 의해 피체되었다.

일제는 이 의거를 철저한 보도관제 속에 한 달 동안(5. 14~6. 14)이나 이른바 타이완모중대 사건(臺灣某重大事件)이니 타이중불경 사건 등으로 왜곡 보도를 서슴지 않았고 배후관계 인물을 찾아내기 위해서 혈안이 되어 고향의 가족과 그 측근은 물론 타이완 교민들까지 적대시했다. 결국 이 의거를 단독 결행으로 단정하고 수사를 마무리 지었다. 그해 7월 18일에 일제의 타이완고등법원 특별공판에서 이른바 황족위해죄로 사형선고를 받고, 10월 10일 사형이 집행되었다. 그는 순국 직전에 소감을 묻는 임석관에게 "아무 할 말은 없다. 이 순간은 이미 오래전부터 각오하고 있었다. 다만 조국의 독립을 보지 못하고 죽는 것이 한스러울 뿐이다. 저세상에 가서도 독립운동을 계속하리라."라고 말했다.

이와 같이 그의 의거나 순국을 전격적으로 처리한 일제는 심지어 유품의 환국을 감시하는 매서운 눈초리나, 말없이 환국한 유해의 장례까지도 간섭해 천인공노할 만행을 자행했던 것이다. 조의사의 장거는 시기적으로나 대상 인물에 있어서 안중근, 윤봉길의 의거에 못지않은 거사이었으며 또한 구니노미야를 자격한 것은 일본 조야에 커다란 충격을 주었던 것이고, 타이완인에게는 항일투쟁의 모범을 보여주었던 것이라 할 수 있다.

이러한 조 의사의 장거는 한민족에게 굳건한 의지력과 독립정신을 고취시킨 쾌사로, 항일독립운동사에서 크게 평가되어야 할 것이다.

조명하 의사에 대한 사형 판결문[07]

조명하에 사형 판결(趙明河に死刑の判決)

피고 후회로 목메어 울다(被告悔悟の涙に咽ぶ)

타이중 불경사건 공판(台中不敬事件公判)

7월 19일 오고토(大每)

타이중(台中) 불경사건의 2차 공판은 18일 오전 9시부터 타이베이 고등법원 상고부 법정에서 재개되었다. 야마다(山田), 도모노(伴野), 아네하(姉歯), 사누이(讚井) 등 네 명의 배석판사와 이와마쓰(岩松) 검찰관, 안포(安保) 관선변호인이 입회한 가운데 가네코(金子) 재판장은 판결이유서를 읽은 후 "피고 조명하를 사형에 처한다."라고 엄숙히 선언하고 9시 15분 폐정했다. 조명하는 초연히 피고석에 서 있었으나 사형 판결을 받은 순간 회오의 눈물을

---

07. 신문집성(新聞集成) 쇼와편년사(昭和編年使) 쇼와 3년도(1928)판 Ⅲ, 메이지다이쇼쇼와신문연구회(明治大正昭和新聞研究会)

머금고 흐느꼈다. 판결 이유 가운데 눈에 띄는 점은 피고가 앞날을 비관하여 재삼 자살을 시도하였는데 5월 14일 아침 돌연 전하를 습격하여 자신의 최후를 장식하기 위한 표상으로 삼았다는 내용으로, 재판부는 사상적 배경이나 민족적 배경이 없다고 판단하였다. 따라서 형법 제75조 전단(前段)의 동법 제199조 및 204조에 해당한다.

『유방집』 속 조명하 전문

　　『유방집(遺芳集)』은 대한민국 임시정부의 사상가 조소앙 선생의 저술이다. 조소앙 선생이 중국에서 1932년 탈고, 1933년 출간했다.

　　『유방집』은 열전의 서술 방법으로 여러 독립운동가의 삶과 죽음을 전한다. '유방(遺芳)'은 '유방백세(遺芳百世/流芳百世)', 즉 '꽃다운 이름이 후세에 길이 전한다'는 뜻의 성어에서 유래한다. 『유방집』은 총 82명의 독립운동가를 다루었다.

　　조소앙 선생은 서문에서 열사들의 이름이 잊힐 것을 염려하여 이 책을 쓰게 되었다고 적었다. 그러나 그는 이어서 『유방집』은 잊혀 지더라도 의사, 열사의 정신은 잊혀 지지 않을 것이라고 낙관했다.

　　여기에 『유방집』에 실린 조명하 전을 옮긴다.

조명하 전(趙明河 傳)

공의 이름은 명하(明河, 1905~1928)이고, 송화군(松禾郡) 하리면(下里面) 장천리(長泉里)에 살았다. 아버지는 조용우(趙鏞禹)이고, 함안(咸安) 사람이다. 공은 굳셈을 자부하였고, 재질이 남보다 뛰어났다. 집안이 가난하여 학비를 댈 수 없어 약방에 기거하였다. 보통학교를 졸업하고서는 신천군(信川郡)의 말단 관원이 되었으나, 적국 사람들의 위압을 견디지 못하고서 마침내 적국의 괴수를 암살하기로 굳게 마음을 먹었다.

1924년 17세[08] 때에 마침내 관직을 버리고 오사카(大阪)로 가서 전기 회사의 직원이 되었고, 밤에는 오사카상공전문학교(大阪商工專門學校)에서 공부를 하였다. 낮에는 일하고 밤에는 공부하기를 3년간 매우 부지런히 하였다. 또 아다치 사(安達社)로 직장을 옮겼다.

1927년 11월 오사카를 떠날 결심을 하였으니, 오사카는 거사를 일으킬 곳이 아니라고 판단했기 때문이다. 마침내 아케가와 도요오(明河富雄)로 이름을 바꾸고 타이완으로 건너가서 타이완 총독 가미야마(上山)[09]를 처단할 기회를 노렸다.

---

08. 1924년 17세: 생몰년에 따르면 20세가 되어야 한다.
09. 가미야마(上山): 원문에는 야마가미(山上)으로 되어 있으나 당시 총독 이름은 가미야마 만노신(上山滿之進)임을 확인하고 변경하였다.

1928년 5월 적국의 황족인 구니노미야 구니요시(久邇宮邦彦)[10]가 육군 특병 검열사(特命檢閱使)를 맡아 타이완에 와서 타이완 주둔 일본군을 검열하였다. 공은 이보다 앞서 민족(閩族) 사람 장천제(張天第)에게서 보검 하나를 샀다. 길이가 한 자 남짓이고 예리한 서슬이 사람을 쏘는 듯하였다.

공이 5월 13일 밤에 부귀원(富貴園)[11]의 나무 아래에서 칼을 살피며 밤을 지새웠으니, 기운과 용기를 쌓아 가며 선 채로 아침을 기다렸다. 마침 이때에 구니요시 왕이 타이베이(臺北), 타이난(臺南), 고웅(高雄), 병동(屛東) 등지에 주둔하고 있는 방위군의 검열을 마치고 5월 14일 아침 9시에 타이중주 지사(臺中州 知事)의 관사에서 크게 호위를 거느리고 위세를 떨치며 나왔으니, 오누마(大沼)[12], 경관(警官)의 자동차와 헌병 기마대 등이 앞에서 이끌었고, 무관장(武官長), 다나카(田中) 사령, 마쓰키(松木) 중장(中將), 기타 수행원 등이 탄 자동차 8대와 타이중주 지사, 모토야마(本山) 경무국장(警務局長) 등이 탄 자동차 5대가 좌우에서 옹위하며 줄지어 나아갔다.

---

10. 일본 황족인 구니노미야 구니요시(久邇宮邦彦) : 일왕 히로히토(仁)의 장인으로, 육군 대장이었다. '邦彦'은 '구니히코'가 아니라 구니노미야의 경우 '구니요시'임.

11. 부귀원(富貴園) : 조명하가 직원으로 근무하던 차 상점이다.

12. 오누마(大沼) : 대본에는 '落大治'로 되어 있는데, 중외일보 1928년 6월 15일 기사에 의거하여 바로 잡았음.

길가에 나와 전송하는 관민(官民)이 수만 명이었는데, 마치 황제를 알현하는 것처럼 열광적으로 만세를 연호하였다. 구니요시 왕이 탄 자동차가 대정정(大正町) 도서관을 막 지날 때에 공이 칼을 뽑아 들고 군중을 밀치고서 차에 뛰어올라 그를 저격하였다. 구니요시가 여우처럼 고개를 숙이는 바람에 칼은 운전자의 등을 맞혔고, 공이 재차 저격하였으나 무관(武官)들에게 막혀 또 맞히지 못하였다. 차가 이미 출발하여 공이 칼을 던졌으나 시위병을 맞히고 말았다. 공이 크게 '한국 독립 만세'를 외치고 웃으며 군중들에게 말하였다.

"그대들은 놀라지 마시오. 나는 한국을 위해 원수를 갚는 것일 뿐이오."

공은 붙잡혀 타이완의 감옥에 갇혔고, "황족에게 위해를 가한 자는 사형에 처하고, 위해를 가하려 한 자는 무기형에 처한다."라는 적국의 법조문에 의거하여 타이베이(臺北) 고등법원에서 사형 판결을 받았다. 1928년 10월 10일 타이베이 형무소에서 형이 집행되었는데, 15분 만에 목숨이 끊어졌다. 나이 24세였다.

●趙明河傳

公諱明河。居松禾郡下里面長泉里。父錦禹歲安人。公強剛自高。材質

秀倫。家貧無以資學。寄居製藥局。及畢業普通學校。任信川郡微官。不堪

敵人威歷。遂決志暗殺敵魁。一九二四年十七歲時。遂藥官走大阪。不堪

公司職員。夜學大阪商工專門學校。書工夜讀。三年萬勤。又轉職安達公司

。至一九二七年十一月。決離大阪。意謂大阪。非舉事之地。遂變姓名曰明

河豐雄。渡臺灣。俟機刺台督山上。一九二八年五月。敵皇族久彌宮邦彥王

。任陸軍特命檢閱使。來檢駐台日軍。公先是買釼於閩人張天弟。長尺餘

。鋒芒射人。公於是夜即五月十三日。招董豐園樹下。檢釼達夜。蓄氣蓄勇

。立以待旱。方是時邦彥王。檢畢臺北。臺南。高雄。屏東。等地駐軍。

以五月十四日朝九時、屯臺中州知事官舍。大張護衛。威氣甭出。如警官汽

車。憲兵騎馬隊等爲先驅。落大治武官長。田中司令。松木中將。其他隨員

等所載汽車八輛及臺中州知事。本山警務局長等所乘汽車五輛。左擁右衛魚

貫而進。沿路官民出迓者數萬人。連號萬歲極其狂熱如謂萬歲。邦彥王屏系

汽車。方過大正町圖書館時。公援鈹排羣。躍登邦彥王車狙擊之。邦彥。狐

伏其首。公再擊之。爲武官所遮攔。又不中。車已遠。公以

釼彈之。釼中侍衛兵。公大呼韓國獨立萬歲。笑謂羣衆曰。爾等勿驚。我當

「三韓報仇耳」。

公被拘台獄。據敵法「對皇族加危害者。處以死刑。欲加危害者。處以

無期徒刑」。由台北高等法院。判死刑。以一九二八年十月十日上午十時。

就刑於臺北刑務所。十五分而絕命。年二十四。

▲「유방집」 속 조명하 전

제2장

조명하 의사가 처단한
황족 구니노미야

≡ 제1절 ≕

일본 자료로 본 구니노미야 척살 사건[01]

해설

이 글은 2010년12월 출판된 『황족군인전기집성』 제5권 「구니노미
야 구니요시 왕(久邇宮邦彦王)」에서 중요부분을 인용했다. 이 책 자체
가 일본의 황복을 미화하기 위해 출판되었기 때문에 조명하 의사 의거
를 보는 일본 측의 전향적인 시각이 담겨져 있다. 그러나 주목할 부분은
1928년 5월 14일 조명하 의사의 의거 이후의 구니노미야의 행적이다.

이 글은 조명하 의사의 의거에도 구니노미야는 전혀 부상하지 않았다
고 애써 강조하고 있으나 5월 14일의 의거 이후 구니노미야의 행적이 5
월 30일 타이완을 떠날 때 상황을 빼고 한 달 정도 거의 공백이다. 구니
노미야의 타이완에서의 일정이 기재되어 있지만 그가 의거 이후 의 일정
을 모두 소화했다고 보기는 어려울 정도로 5월 14일 이후 6월 16일까

---

01. 『황족군인 전기집성5(皇族軍人傳記集成5)』 유마니쇼보(ゆまに書房), [감수 · 해설] 사토 모
토에이(佐藤元英), 2010. 5.

지의 그의 행적에 대한 구체적인 언급이 거의 없는 것이 아래 글의 특징이다. 그리고 일본 귀환 후에도 구니노미야의 행적이 눈에 띄게 적어졌고 1929년 1월 23일 구니노미야는 갑자기 쓰러져 실신 상태가 되었다. 그는 그대로 1월 27일 사망했다. 발표된 사인은 '결장 S자상 부위 궤양 복막염'이었다. 조명하 의사 의거 8개월 후 구니노미야는 사망한 것이다.

이 글은 2010년 시점에서 쓰인 글이기 때문에 충분히 왜곡되어 미화된 부분이 있음을 생각해도 오히려 구니노미야에 대한 조명하 의사의 의거가 유효했음을 보여주고 있다 하겠다.

01. 타이완에서의 구니노미야 구니요시 왕[02]

쇼와(昭和) 3년(1928) 4월 17일 오후 6시, 왕은 지난번 특별 검열사 수행을 명받은 마쓰키 나오스케(松木直亮) 육군 중장 이하 18명을 불러 여러 가지 협의를 하신 후 만찬을 내리셨다. 21일 오후 9시 50분 도쿄역을 출발하여 일본 왕가의 조상신을 모신 이세신궁(伊勢神宮)과 메이지 천황(明治天皇)의 묘인 모모야마릉(桃山陵)을 참배, 24일 고베(神戸)에서 출범한 호라이마루(蓬莱丸)에에

---

02. 당시 일본에서는 천황의 아들이나 동생을 친왕으로 불렀고 이후 고손까지를 왕으로 불렀다. 구니노미야 구니요시의 아버지 아사히코는 닌코(仁孝)천황의 양자가 되었으니 친왕으로 불렸고 구니노미야 구니요시는 아사히코의 아들이므로 왕으로 불렸다. 당시 황족이면 천황이 친왕의 조칙으로 친왕이 될 수 있었다.

올라 타이완으로 향하셨다. 타이완은 지난 다이쇼(大正) 9년(1920) 왕비께서 같은 경로로 시찰하신 곳이다.

27일 오후 3시 지룽(基隆) 상륙, 특별열차로 타이베이 도착. 오 즈키(大槻) 육군 보병 대위가 지휘하는 1개 중대의 의장병이 경호 임무를 맡고 학생을 비롯한 일반 환영자들이 도열한 가운데 흡 족해하시며 총독관저로 들어가셨다. 그때 산포(山砲)대대가 발사 하는 예포가 타이베이 도심 하늘에 은은히 울려 퍼졌다.

28일 왕은 섬 전체의 진호신, 수호신을 모신 타이완 신사(台湾神 社)를 참배하신 후 사후식(伺候式)[03]에 참석하시고 재향군인의 영관 급(領官級) 이상과 군사공로자, 문관 등을 접견하셨다. 29일 천황의 생일인 천장절(天長節) 축일에는 멀리 계신 천황의 만수무강을 위 해 만세로 봉축하시고 오전 10시부터 타이완 군사령관 다나카 구 니시게(田中国重) 대장이 집행하는 관병식에 참석하셨다. 오후에 는 신록이 향기로운 식물원에서 타이완 총독 가미야마 미쓰노신 (上山満之進)이 주최하는 천장절 축하 연회에 참석하셨다.

5월 1일부터 타이완 전역에 진주해 있는 각 부대를 검열하셨 다. 실시 일정은 다음과 같다.[04]

---

03. 사후식(伺候式) : 윗어른과 아래 사람들이 인사를 나누는 행사.
04. 일정은 예정일정으로 이해할 수 있다. 특히 5월 14일 이후의 일정이 예정대로 소화되었는 지 의문이다.

일자	검열부대 또는 시찰 기타
4월 28일	타이완 신사 참배, 사후식, 문관 외 접견
29일	천장절 축하
30일	차오산(草山, 타이베이 근교)
5월 1일	타이완 군사령부
2일	상동
3일	타이완 수비대 사령부, 보병 1연대, 헌병본부, 타이베이 헌병분대
4일	보병 1연대
5일	산포병대대
6일	타이베이에서 타이난으로, 신주역(新竹驛)에서 동 지역 중학교 생도, 타이난 도착, 사후식, 재향 장교단, 교관 접견
7일	보병 2연대
8일	타이난 위수(衛戌)병원, 동 헌병분대, 타이난신사 참배, 재향군인, 중등학교 이상 생도
9일	핑둥(屛東) 비행대, 타이완 제당회사
10일	자이(嘉義)를 거쳐 아리산(阿里山), 시즈루역(十字路驛)에서 고사족(高砂族) 원주민 남녀 90명, 아동 30명 접견
11일	아리산 벌목 제재 작업
12일	아리산에서 타이중 도착, 사후식, 재향군인, 관민 접견
13일	타이중 분대, 재향군인 중등학교 생도
14일	타이중에서 타이베이
15일	타이베이 위수병원, 위수형무소 재향군인 중등학교 생도
16일	지룽 요새 사령부, 사후식, 지룽 운수 출장소
17일	중포병대대
18일	차오산 수행원 사이토(斎藤), 기무라(木村) 두 육군 보병 중좌, 요코사와(横沢) 서기 동행 타이베이 주(州) 다시 군(大渓郡) 발링(巴稜) 분견대 검열(22일 귀환)
19일	자오반 산(角板山), 원주민 아동교육소 하쓰카오와탄의 원주민 가옥, 원주민 출신 의사 와타이(渡井) 공의(公医) 자택, 교역소 등

조명하 의사 자료집

20일	자오반 산에서 타이베이
22일	타이베이에서 지룽을 거쳐 펑후(澎湖) 섬으로
23일	펑후 섬 요새 사령부, 사후식, 중포병대대, 위수병원
24일	펑후 섬 요새부, 헌병분대, 통량(通梁)해안
25일	지무(鷄母)포대
27일	펑후 섬에서 타이베이
28일	보포(步砲) 연합 훈련(타이베이 주(州) 하이산 군(海山郡) 돌산 (突山) 부근)
29일	상동(잉거(鶯歌) 부근)
30일	다회
31일	총독, 군사령관 이하 연회
6월 1일	타이베이에서 일본 귀환

이렇게 한 달에 걸쳐 불꽃 같은 열정으로 타이완 남부에서 펑후 섬에 이르는 타이완 전역의 군사 사정을 자세하게 검열하셨다. 그뿐만 아니라 교련을 마친 중등학교 이상의 학생들과 그밖에 재향군인까지도 친히 시찰하시고 사려 깊은 말씀을 내리신 일은 군인학교 관계자는 물론이고 일반 도민 역시 그 은덕에 깊이 감격하였다. 이에 가미야마(上山) 타이완 총독은 전하의 말씀에 답례하기를 일치 협력하여 심신을 단련해서 강건한 국민 양성에 힘쓰고 그럼으로써 전하의 말씀에 부합해 드리겠노라 다짐했다. 학교에 내리신 말씀은 다음과 같다.

여기서 군사훈련을 시찰하니 성적이 대체로 양호하여 흐뭇했다. 생각해 보건데 심신의 단련은 강건한 국민을 양성하는 방도로서 교련의 본뜻 역시 여기에 있다. 제군은 능히 이것을 체화하고 힘을 모으고 마음을 하나로 합쳐 그 목적을 달성하기 바란다.

그리고 30일, 관민 일동에게 차를 내리실 때 매우 정중하게 다음과 같이 인사하셨다.

이번에 명을 받들어 이곳에 와서 그제부터 어제까지 모든 군부대와 그 밖의 여러 곳을 검열한바, 군사령관 이하가 부지런히 힘써 노력한 결과 순조롭게 검열을 마쳤습니다. 그 노고에 감사드립니다. 그리고 검열 시에 총독 이하 관민이 열성으로 편의를 도모해 주어 대단히 감사합니다. 나는 지룽에 상륙한 후로 가는 곳마다 열렬한 환영을 받았습니다. 깊은 감사의 뜻을 표합니다.

지난 다이쇼 9년(1920) 가을에 나는 짧은 시일 동안 이 섬을 한 바퀴 돌아보았습니다만, 그때보다 면모가 크게 바뀌어 경탄했습니다. 총독 이하 일본인과 타이완 도민 모두 하나가 되어 협력한 열성과 노력의 결정체이기에 국가 차원에서도 참으로 경하해 마지않습니다. 앞으로도 한층 더 노력해 주기 바랍니다.

재향군인회 청년단 등을 시찰하였는데 건전하고 착실하게 발전해가는 재향군인회를 보고 흡족했습니다. 본 섬의 특수한 사정을 고려하여 더욱 향상되기를 빕니다. 또 학교에서 시행하는 교련은 그 성적이 일본 이상으로 양호하여 기쁘고 유쾌한 마음 금할 길이 없었습니다. 국가를 위해 더욱 분발해주기 바랍니다.

끝으로 당면한 타이완의 향상 발전과 제군의 건강을 기원합니다. 오늘은 소소하게 차를 마련하여 초대했는데 많은 분이 특히 먼 곳에서 참석해 주어 이보다 더 만족스러울 수가 없습니다. 편하게 환담하기 바랍니다.

구니요시 왕은 바쁜 검열 업무 사이에도 감회를 시가로 담아 내시고, 때로는 가미야마 총독과 서로 응수하신 적도 있었다. 그 짧은 전통시 와카(和歌) 초고에 대해서는 뒤에 나오는 『도림여여(桃林餘影)』에 기재하기로 한다.

조명하 의사 의거에 관한 서술

이 여행 도중 타이중에서 돌연 불경한 사건이 발생하여 도민 일동이 몹시 놀라고 두려워 어찌할 바를 몰랐다. 5월 14일 특명 검열사 일행은 자동차로 여관을 출발해서 타이중역으로 향하는 도중 오전 9시 54분경 일꾼들이 입는 짧은 겉옷 합피(法被)를 입은 한 청년이 통로에 줄지어 선 일반 전송자와 공학교 아동들을 뚫고 자동차로 접근했다.

그는 '직소(直訴), 직소!'라고 소리치면서 흰 천으로 감싼 것을 내밀고 자동차 옆으로 다가가려 했으나 속력 때문에 여의치 않자 자동차 뒤편으로 돌아가서 단도로 왕에게 위해를 가하려 했다. 이때 동승한 오누마(大沼) 무관이 재빨리 왕을 감쌌다. 그리고 수행원이었던 총독부 직원이 뒷좌석으로 이동하는 사이에 간발의 차이로 흉악범은 감히 왕에게 일격을 가했다. 그러나 몸에는 전혀 닿지 않았다.

계속해서 오른손을 치켜들고 몇 걸음 뒤쫓아 오다가 결국에는 단념했는지 그 단도를 차 안으로 던졌다. 단도는 운전기사의 등에 맞았지만 당사자가 느끼지도 못할 정도의 경상일 뿐이었다. 다행히 왕은 털끝 하나 다치지 않고 의연하게 계속 행진하시어 오전 10시 예정대로 타이중역을 통해 떠나셨다.

그리고 앞에 나온 범인은 현장에서 바로 체포되었다. 조사 결과 조선 황해도 출신으로 조명하라고 하며, 고향에서 보통학교를 졸업, 일본을 거쳐 쇼와 2년(1927) 11월 타이완으로 건너왔고, 가명으로 시내에 있는 한 차포(茶舖)에서 종업원으로 일하는 자라는 사실이 판명되었다. 이때 왕의 태도는 안색 한번 변하지 않으시고 침착하셔서 평상시와 한 치도 다른 점을 보이지 않으셨다. 특히 오누마 무관의 전보 내용 가운데 '타이중역으로 향하시는 도중 한 청년'이라고 적힌 문구를 '타이중역으로 향하시는 도중 한 조선인'이라고 정정하게 하셨다. 그렇듯 사려 깊고 면밀하시어 참으로 감격스럽기 그지없었다.

6월 18일, 왕은 입궐하시어 특명 검열에 관해 상세히 보고하시고 식사를 함께하라는 분부를 받으셨다. 그 후 20일, 마쓰모토 중장 이하 특명 검열사 수행원 일동을 불러서 만찬 후 일일이 기념품을 하사하시고 노고를 위로하셨다. 그리고 서명이 들어간 초상을 하사하셨다.

일본 서도 작진회(日本書道作振会)에서는 6월 16일 서양음식점 우에노세이요켄(上野精養軒)에서 왕의 참석을 맞아 총재 추대식을 거행했다. 왕은 서도 분야의 진작과 향상을 위해 회원 개개인이 더욱 협력, 일치할 것을 간절히 바란다는 뜻으로 말씀하셨다. 동회에서는 왕의 이 같은 취지를 명심하여 다음 달 7월 강습회를 개최해서 '한자의 기원과 중국 고대 문화', '학습삼결(學習三訣)', '초가자학습(草假字學習)' 등을 지도하신 일도 있다.

다시 10월에 이르러 제4회 일반 및 소년소녀부 전람회를 개최하여 일일이 심사와 수상을 하시고 20일에 걸쳐 전람하셨다.

7월 아카쿠라(赤倉)에서 피서 중이시던 왕은 24일 나오에쓰(直

江津)를 거쳐 교토로 향하시어 무도(武道) 총괄 단체인 대일본무덕회(大日本武德会)를 찾으셨다. 연일 계속된 폭서에도 아랑곳하지 않으신 채 29일까지 청년 남녀의 무도, 궁도 및 수영 등의 연기를 관람하셨다. 이때 동회에서는 전국 지부별 지도자 50여 명을 소집하여 사업의 진전에 관해 협의한 후 그 현황을 아뢰자 왕은 그 노고에 감사하다고 하시며 위로하는 마음으로 일동을 여관으로 부르셨다. 정, 부회장과 이사를 배석시켜 만찬을 베푸시고 디저트 코스로 진심 어린 인사를 내리셔서 일동은 그저 그 은덕에 감격할 따름이었다. 대일본무덕회의 다도코로 요시하루(田所美治) 부회장은 황공하여 감격한 나머지 다음과 같이 이야기했다.

전하에게는 사무관과 무관을 데리고 참석하셨다. 식탁에 앉으셔서 좌우와 환담하신 후 디저트를 드시며 황공하게도 매우 정중하게 말씀하셨다. 그 말씀은 뒤에서 자세히 이야기하겠는데, 각 지부의 지도자를 비롯한 일동은 그렇지 않아도 만찬을 대접받은 영광에 감격한 데다 친히 이와 같은 치사를 내리시어 더욱 황공하고 송구했다. 이 말씀에 대해 특히 황공했던 점이 있다. 만찬이 무르익었을 때 손수 연필로 쓰신 쪽지를 혼고(本郷) 회장에게 보여주셨는데, 회장이 그 쪽지를 다시 다도코로 부회장에게 보여주었다. 전하께서 사전에 회장과 부회장의 생각까지 구하신 것이다. 부회장은 그렇듯 참으로 친절하고 빈틈없으며, 구구절절 모든 말씀이 전하의 관용과 겸양 등 주옥같은 인격에서 비롯함을 보고 "대단히 감사하고 황송합니다."라고 응답하기에 이 대답을 그대로 공손히 말씀드렸다. 전하가 문무를 겸비한 분이심은 모두가 다 아는 사실이지마 이 같은 말씀은 온전히 전하의 생각 그대로 표출되었으며, 손수 연필로 적으신 쪽지만 생각해봐도 정녕 감읍할 따름이다.

"이 자리에서 한마디 하고 싶습니다. 폭서에도 불구하고 청년무도 대회가 매년 개최되어 해마다 발전하니 내 일인 양 기쁘기한이 없습니다. 어제 직접 청년 남녀의 용맹하고 발랄하며 힘찬 시합을 보았습니다. 참으로 유쾌했습니다. 또 궁도장도 종래에는 조금 빈약한 감이 있었으나 이번에는 훌륭하게 새로 지어 아주 속이 후련하여 이 도장에서 궁도를 연마하면 장래에는 현저히 진보하리라 생각합니다. 이러기까지 노고를 아끼지 않은 임원 여러분께 사의를 표합니다. 그런 의미에서 무덕회의 필요성은 나보다도 여러분들이 통감하시리라 생각합니다. 그리고 본부만 혼자 융성하기보다 지부와 함께 발전하는 것이 중요합니다. 그것은 현재 실행의 문제입니다. 다시 말해 실행하느냐 마느냐에 달려 있습니다. 나는 우리의 후계자인 청년 남녀 학생을 위해, 이 청년 연무자(演武者)의 장래를 축복하기 위해 잔을 들려 합니다. 동감하시는 분은 함께 잔을 들어주시기 바랍니다."

일동 건배.

이 은혜로운 건배사는 따로 필기해서 만찬 참석자는 물론이거니와 일반회원에게까지 널리 주지시켰으면 좋겠다는 바람을 여쭈어서 전하께 손으로 쓴 쪽지를 거기서 그대로 하사받아 거듭 황송했다.

8월 10일 왕은 아카쿠라에서 귀경하여 곧장 나스(那須)로 향하셨다. 당시 나스 별장에서 피서 중이시던 천황과 황후께 안부를 여쭙고 12일 별장에서 종일 운동 상대가 되어드린 후 구로이소역(黑磯駅)에서 다시 아카쿠라로 돌아가셨다.

21일 왕비와 구니히데 왕(邦英王)을 동반하시어 다구치역(田口駅)에서 출발, 에치고(越後) 이와후네 군(岩船郡)에 있는 사사카와(笹川)의 비경을 즐기셨다. 같은 날 세나미 온천(瀨波温泉)에 투숙, 다음날 22일 무라카미역(村上駅)에서 승차하여 구와가와역(桑川駅)에서 하차, 모터보트로 사사카와의 계곡을 유람하셨다. 기암괴석이 우뚝 솟은 곳에서 옛 에도 시대 말기의 유학자 라이오가이(賴鴨崖)를 인용하여 "바다와 산의 아름다움과 기이함을 합친 것"이라고 격찬하시며 절경을 칭송하셨다. 그리하여 가이후우라(海府浦)를 회항하여 사사카와 호텔에서 잠시 휴식하신 후 구와가와

역을 통해 귀환하셨다. 구니히데 왕은 다음날인 23일 가루이자 와역(輕井澤)에서 떠나셨다.

진즉에 약혼하신 구니 구니히사(久邇邦久) 후작과 마쓰라 하카루(松浦靖) 자작의 차녀 하루코(春子, 후에 다다코[董子]로 고침)의 혼례를 9월 6일에 거행하여 왕은 왕비와 참석하시고 나중에 화족(華族) 회관에서 열린 피로연에도 참석하셨다. 구니 후작은 지난해 시마즈 다다쓰구(島津忠承) 공작의 여동생 료코(量子)를 아내로 맞이했으나 질병 탓에 결국 이혼하시고 이번에 마쓰라 하루코와 혼인하셨다. 교토에서는 천황 폐하 즉위 대례를 봉축하기 위해 우선 대례 봉축회를 조직하고, 4월 5일 왕을 총재로 추대하고자 한다는 뜻을 도키 가에히(土岐嘉平) 교토 시장이 청원하였기에 왕은 그 청을 승낙하였다. 9월 20일 동 사업의 하나인 대례기념 대박람회식을 거행함에 왕비와 함께 참석하셨다. 이후 도키 교토 시장의 안내로 동 박람회 동쪽 전시장을 시찰하시고 다음날 21일에는 서쪽 전시장을 시찰하시면서 계속 교토에 체류하셨다. 23일 야마시나(山科)에 있는 방적공장 및 기무라(木村)포도원 등을 돌아보셨다. 25일에는 또 세타가와(瀬田川) 연안의 도요(東洋) 레이온 공장을 시찰, 26일에는 사카모토(坂本)에서 에이잔(叡山) 산 등반, 엔랴쿠지(延暦寺)의 총 본당인 곤폰주도(根本中堂)에서 참배하신 후 배 미도리마루(綠丸)에서 9시 넘어서까지 호수 위의 밝은 달을 감상하셨다.

10월 20일 왕은 도야마 현(富山県) 구로베(黒部) 협곡을 탐승하시기 위해 왕비를 동반하시고 아카쿠라에서 출발하셨다. 나오에쓰에서 아오미(青海)를 거치시며 가깝게는 오야시라즈코시라즈(親不知子不知) 절벽에서 성난 파도의 거친 물결을 내려다보시고, 멀게는 전에 가보신 사도가시마(佐渡ヶ島)와 노토반도(能登半島)의 산봉우리가 수평선 위에 솟아 있는 모습을 창밖으로 바라보시면서 마침내 밋카이치 역(三日市駅)을 통해 우나즈키(宇奈月)에 도착하셨다. 전차 궤도를 따라 구로나기(黒薙), 후타미(二見) 등의 온천장을 통과하시고 가네쓰리역(鐘釣驛)에서 내리시어 구로베가와(黒部川) 협곡과 사루토비(猿飛)의 명승지 등을 감상하셨다.

23일 나오에쓰를 거쳐 교토 방향으로 여행하셨다. 27일부터 이즈미(和泉)와 셋쓰(攝津) 지방에서 실시한 사단 대항 훈련을 시찰하시고 11월 1일 고난(甲南)고등학교, 고요(甲陽)공원을 순시. 2일 미나토가와신사(湊川神社)에 참배하시고 아카시 성(明石城) 안에 있는 귀빈관에서 잠시 휴식하신 후 히토마루신사(人丸神社)에 참배하셨다.

천황에게는 즉위 대례를 이달 교토에서 거행하기 위해 황후

마마와 함께 교토로 행차하십사 계를 올렸다. 7일 차편이 도착하여 왕은 교토역에서 천황폐하를 봉영(奉迎), 9일 폐하를 찾아뵈었다. 그리하여 10일 즉위 대례, 14일 천황 즉위 후 처음 치르는 천신제인 다이조사이(大嘗祭)를 비롯해 연일 의례에 참가하셨다. 19일 이세신궁에 행차하시는 천황과 황후를 교토역에서 봉영한 후 대례봉축회 총재로서 교토에서 치를 봉축사업을 총괄하셨다. 또 그동안 추색이 완연해진 다카오(高雄), 마마노(槇尾), 도가노오(栂尾) 등을 유람하셨다 22일 이세에서 교토로 행차하시는 천황과 황후를 봉영하고, 26일 도쿄로 환궁하실 때 수행하여 함께 봉영을 받으시며 27일 귀경. 막중한 임무를 무사히 완수하셨다.

이때 왕은 11월 12일 오전 10시 대일본무덕회의 봉축연무회에 참석, 이 단체의 조선본부 깃발 한 폭을 직접 받으시고 말씀을 내리셨다. 그리고 간부 및 연무자 일동에게 대례봉축 연무회 연무기념으로 문장을 새긴 잔을 하사하셨다.

12월 2일 요요기(代々木) 연병장에서 거행된 대례 특별관병식 행차를 수행하시어 오전 8시부터 함께 참석하셨다. 그 후 4일 마찬가지 대례 특별관함식(觀艦式)을 어소함(御召艦) 하루나(榛名)에 배석하여 참관하셨다.

10일 아사아키라 왕(朝融王)은 해군 군령부에 배속되어 20일 군함 무쓰(陸奧)에서 하선, 사세보(佐世保)에 새로 부임하셨다.

▲ 구니노미야 구니요시 육군대장

02. 훙거(薨去)

왕은 쇼와 3년(1928) 11월 즉위 대례에 봉사하심에 차질 없이 대임을 완수하시고 귀경 후 12월 16일부터 아타미(熱海)에 머무셨다. 용무는 그곳에서 도쿄로 상경하여 처리하셨다. 19일에는 입궐, 하사품에 대해 감사 말씀을 올리셨다. 25일은 다이쇼 천황

(大正天皇)의 제사에서 배례. 30일은 새해맞이 제반 의식 참석을 위해 상경하셨다. 해를 넘겨 1월 16일 육군대신 관저에서 열리는 회의에 참석차 상경, 이후 21일 군사 참의관 회의에 참석, 궁중에서 오찬 후 귀환하셨다.

23일 이날은 무슨 날인가. 오후 1시 반쯤 왕은 돌연 의자에서 쓰러지시어 잠시 실신 상태에 빠지셨다. 왕비와 측근들이 대경실색하여 곧장 이부자리로 옮겨드렸다. 일단 아타미 초(熱海町)의 의사 이와타 준(岩田畯)을 불러서 응급 처치를 시켰다. 그리고 이즈료원(伊豆寮院)의 의학박사 도요지마 도요지로(豊島豊次郎)도 달려오고. 도쿄에서는 의학박사 요시모토 세이타로(吉本清太郎)도 급히 당도하여 처치해 드렸다. 잠시 후 의식도 명료하게 회복하시고 저녁에는 기분도 좋아 보이셨다. 이 일이 있기 전에 왕은 22일 밤 용변을 보실 때 하혈이 있었다. 다음날 23일에도 마찬가지로 하혈이 있었으나 기분도 별다름 없고 평소에도 의외로 건강하시어 크게 신경 쓰지 않으시다가 오후에 조금 다량으로 하혈하셔서 문제가 생겼음을 아셨다.

24일 오전과 오후에 각각 한 차례 하혈, 그 후에는 하혈이 전혀 없었으나 사토 산키치(佐藤三吉), 이나타 료키치(稻田龍吉), 시오타 히로시게(鹽田広重) 등 세 박사가 도쿄에서 급히 찾아가 진료

해드리고, 일본 적십자사병원에 간호부 세 명의 파견을 요청, 간호에 실수가 없도록 최선을 다했다. 용태에 대해서는 "오후 10시 일반적인 용태로 말하면, 통증은 전혀 없어 보였고 매우 안정적으로 주무셨으며, 체온 36.4도, 맥박 17, 호흡도 고른 편이었다. 출혈 부위는 결장 하부에서 항문 사이에 있다고 짐작되었으나 이런 경우 정밀한 진료를 피하는 것이 온당하다고 여겨 출혈 부위와 증세를 정확하게 말씀드리지 못했다"라고 했다.

25일에는 이리사와 다쓰키치(入澤達吉), 아쿠쓰 사부로(阿久津三郎) 등 두 박사가 문안드리고 요시모토, 사토, 이나타 등 모든 박사가 입회한 가운데 진찰해드렸는데 오후 6시에는 다음과 같은 용태를 보이셨다.

1. 체온 최고 38.1, 최저 37.0
2. 맥박 108에서 128, 맥박 긴장도 점차 증가
3. 호흡 20에서 25, 대체로 평온
4. 유동식 소량 섭취
5. 일반적으로 조금 경쾌한 모습을 보이시다.

그리하여 사토, 시오타, 아쿠쓰 박사는 먼저 귀경하고 우사미

(宇佐美) 박사가 도쿄에서 도착, 요시모토, 이리사와, 이나타 박사가 당직을 서서 경과가 양호함을 확인했다. 오후 10시 용태는 다음과 같다.

1. 체온 37.7도
2. 맥박 126에 달하여 조치, 긴장 약하지 않음.
3. 호흡 24, 평온.
4. 기타 특이사항 없고 기력은 비교적 양호하나 여전히 경계할 필요가 있다고 보인다.

궁중에서는 왕의 병환을 깊이 심려하시어 사무관 오카모토 아이스케(岡本愛祐)와 시의 (侍醫) 핫타 젠노신(八田善之進)을 보내시고 꽃과 기타 여러 가지 물품을 하사하셨다.

병환 소식이 일단 전해지자 국민은 놀라움을 금치 못했다. 왕이 평소 건강하셨으리라 짐작하면서 병환이 하루라도 빨리 쾌유하기를 기원했다. 특히 아타미 초 주민은 근신하여 가무와 음곡을 멈추고 소학교 아동에 이르기까지 매일 아침 등교 전에 왕의 쾌유를 기도하고 신사에서 기원을 드리기도 했다.

26일 오전 9시까지의 용태는 체온이 조금 내려가고 맥박도

제2장 조명하 의사가 처단한 황족 구니노미야

120에서 121까지 달하여 긴장도가 조금씩 증가했다. 나른한 모습을 보이시더니 깊이 잠드신 듯했다. 오전 6시 반쯤 시장하시다고 하셨으나 겨우 시금치 한 입 드시다 말아서 별로 식욕이 없으신 듯 보였다.

오후 9시 용태는 다음과 같다.

1. 체온 37.1도
2. 맥박 124
3. 호흡 2, 6

오후 6시 이후 여전히 나른한 모습이시고 기력을 내지 못하셨다. 목마름으로 소량의 냉차나 얼음 조각을 드신 것 외에 식사는 드시지 못했다. 계속 배에 가스가 차서 가벼운 호흡곤란 상태를 보이셨다.

27일 오전 0시에는 전날 밤 9시 용태와 다르지 않기에 간호하시던 구니히데 왕도 숙소로 돌아가시고 이나타 박사도 일단 별저로 물러날 정도였으나 오전 1시쯤 구토하신 후 용태가 급변했다. 합병증으로 복막염이 발병한 징후가 현저해지고 체온 37.5도, 맥박 긴장도 다소 감소했으나 불규칙하게 난조를 보였다. 의식은 명료하나 일반적인 용태로는 병세가 급격히 나빠지는 모양을 보이셨다. 이에 왕비를 비롯하여 옆에서 모시던 분들도 몹시 애통해했다. 일단 여관으로 물러났던 이나타 박사와 이와타 의사에게 급히 통보하여 저택으로 불러서 처치하고 한편으로는 친족분들에게 통지하셨다.

천황께 왕의 병세가 악화했음을 보고 드리자 27일 오전 7시 시종 마키노 사다아키(牧野貞亮)를 보내시어 위로품을 내리시고, 황후께서는 황송하게도 오전 11시 10분 행차 예정을 변경하시어 오전 8시 25분 도쿄역을 출발, 10시 40분 아타미 별저에 도착하셨다. 전날 밤부터 기다리셨던 왕비, 아사아키라 왕, 구니히데 왕을 비롯해 구니 후작 부처, 산조니시(三条四) 부처, 오타니 사토코(大谷智子) 등의 영접을 받으셨다. 우선 폐하의 휴게소에서 왕비와 아사아키라 왕을 대면하시고 부친의 용태에 대해 들으셨다. 잠시 근심 어린 표정을 지으시고는 천천히 폐하의 병실로 걸음을 옮기셨다. 마침내 왕비께서 장지문을 여시자 병상에 누워계시던 부친께서 문득 입구 쪽을 돌아보셨다. 거기에 계신 황후 전하의 모습을 보시자 희미하게 반색을 하셨다고 들었다. 병실에서 시중드는 사람들이 삼가 아뢰기를, 지금은 왕 이외의 직계 세 분만 뵐 수 있다 하였다. 남향이라 해가 잘 드는 병실에 비쳐드는 새봄의 햇살이 하얀 커튼을 통과하여 병실 가득 퍼져나가고 지난날 황후 전하께서 내리신 여러 화분의 꽃이 병상 가까이에 피어 향기로웠다. 황송하게도 황후 전하께는 요 며칠 동안의 병환으로 더욱 쇠약해지신 부친의 모습에 마음 아파하시면서 머리맡으로 다가가셨다. 진심 어린 위로의 말씀을 전하시고 한시라도 빨리 회복하시기를 힘주어 말씀하셨다. 부친께서는 병고 중임에도 잠깐 말씀하시고 편안한 마음으로 기뻐하시며 들으셨다.

송구하기 짝이 없으나 부모 자식 사이의 정으로 보건대 학수고대하셨을 황후 전하의 행차였기에 왕께서는 참으로 기뻐하시는 모습이었고 기분도 다소 좋아지신 듯 보였다. 그러나 조금 뒤 용태가 악화하여 요시모토, 이나타 두 박사가 조치해 드리는 동안 황후 전하는 잠시 폐하의 휴게소에서 쉬시게 해드렸다. 11시 10분 다시 병실로 오셔서 천황께서 하사하신 포도주를 아버님의 입언저리에 흘려 넣어드리며 왕비와 함께 간호하셨다.

얼마 안 가서 병세는 시시각각 나빠졌으므로 당시 주치의인 요시모토 박사가 권하는 대로 아사아키라 왕, 구니히데 왕, 구니후작, 산조니시 백작 후계자의 부인 노부코(信子), 오타니 백작 부인 사토코 등 친족분들이 조용히 병실로 들어가셨다. 이윽고 왕은 친히 임종할 때가 가까웠다고 말씀하시며 천황폐하께 남기는 마지막 말씀을 황후 전하께 전하셨다고 했다. 오후 0시 요시모토 주치의는 왕께서 참으로 위중하다고 했다. 그리하여 오후 0시 29분 왕의 영령은 편안히 영면에 드셨다.

임종에 앞서 천황께서는 왕의 현저한 훈공을 고려하여 다음과 같이 분부를 내리셨다.

육군대장 대훈위공(大勳位功) 4급 구니요시 왕
원수부(元帥府)의 반열에 올리고 특별히 원수 칭호를 내린다.

대훈위공 4급 구니요시 왕
국화장경식(國花章頸飾)을 수여한다.

궁내성에서는 오후 3시 30분 '구니노미야 구니요시 왕 전하께서 금일 27일 오후 0시 29분 결장 S자형 부위의 궤양과 복막염으로 훙거하셨다'고 발표했다. 국민 일반은 크게 놀라며 애석해 사고 관공서에서도 애도의 뜻을 표했다. 궁내성 고시 제5호로 원수 육군 대장 대훈공위 4급 구니요시 왕 전하 훙거에 대해 27일을 기해 장례식을 거행하고 당일 폐조(廢朝)하라는 분부를 받았다. 천황께서는 황공하게도 황실복상령(皇室服喪令) 규정에 따라 정식 상복을 입으시고 황후 전하께서는 동령에 따라 1년간 복상, 데루노미야 시게코(照宮成子) 내친왕도 정식 상복을 입으셨다.

왕의 측근으로 봉사한 궁내사무관 야마다 마스히코(山田益彦)는 병환 중의 모습에 대해 눈물을 머금으며 다음과 같이 이야기했다.

그래서 25일까지는 용태가 급변할 우려는 없었다. 25일에 전하께서는 나를 부르시더니 내일 아침 도쿄로 가서 황후 폐하께 "이번에 크게 심려하시지 않도록 말씀드리자."라고 하셔서 상경하여 황후 폐하를 찾아뵙고 왕의 용태를 진단서대로 시의를 통해 말씀드렸다. 그 즉시 "시의 입장에서 하는 이야기는 들었는데, 비전문가가 보기에는 어떠한가?"라고 재차 하문하시어 나도 일단은 전문의가 곁에서 최선을 다하였다고만 말씀드리고 돌아왔다. 이때 내가 아뢴 말씀을 어떻게 이해하셨는지 짐작도 가지 않지만 바로 행차 분부를 내리셨다.

마침내 27일 아침에 황후 폐하께서 행차하신다고 하자 전하께서는 그 분부를 삼가 받으시고 고통 중에서도 역에 마중 나가는 일부터 휴게소 의자와 거실에 흰 천을 까는 것, 황후 폐하가 하사하신 꽃을 장식하는 것, 그리고 병상 옆에 황후 폐하와 말씀을 나누실 수 있게 놓아둔 방석 위치를 베갯머리 근처로 옮기는 것까지 일일이 세세하게 지시하셨다. 평상시 전하에게서는 지금껏 한 번도 볼 수 없었던 모습이었다.

이날 아침에는 주사를 무척 서두르셨다. 필경 스스로 목숨이 경각에 달렸음을 자각하시고 각오를 하셨던 모양이다. 그래서 황후 폐하를 기다리셨다가 유언하시고 마음 편히 눈을 감으셨다고 생각한다.

왕은 일찍이 군무에 투신해서 삼조(三朝)에 역임하고 이제는 황후 전하의 부군으로 계시면서 황가에 조력한 가치와 충정의 성의가 존귀하고도 극진하다. 실로 황실의 주춧돌이며 무인(武人)의 전형으로서 국민 경애의 표상으로 추앙받으셨다. 이 영명한 자질은 오직 군직에만 머물지 않고 국민정신의 진작, 국민 교화의 향상, 나아가 항공사업, 식산흥업, 미술공예 발달 등 언제 어디서나 그 뜻을 활용하시고, 그 힘을 다하셨다. 예컨대 밖으로는 만방과 협화하고 안으로는 국민을 융합하게 하시고 황실의 융창(隆昌)과 국가의 성운(盛運)에 대해서는 왕이 필생에 걸쳐 심혈을 기울이신바, 따로 적을 필요도 없음은 물론이다.

23일 흰 매화 향기 그윽한 아타미 야중산(野中山)에 있는 헤키운소(碧雲莊) 별장에서 한때 병고에 시달리셨다. 평소 건강히 지내시던 왕께서는 며칠 안 가서 쾌유하겠거니 기대했으나 뒤로 갈수록 병이 깊어졌다. 황후 전하의 봉양도, 왕비나 아카아키라 왕을 비롯한 친족분들의 정성을 다한 간호도, 명의가 주도하는 치료도, 국민의 진심도 결국에는 허사가 되어 발병 후 불과 엿새 만에 영면에 드신 것은 참으로 애통하기 짝이 없는 일이다. 향년 57세였다.

왕이 이루신 업적의 절반은 왕비의 내조가 크게 이바지한 덕임을 언급할 필요가 없겠으나, 아타미의 헤키운소 별장에서 병환에 드시자 왕비는 밤낮없이 왕의 머리맡을 지키시며 간호에 힘쓰셨다. 목욕도, 머리 손질할 틈도 없이 모든 시중을 도맡아 해 드리겠다는 마음만큼 참으로 눈물겨웠다. 당시 측근의 이야기를 예로 들면 다음과 같다.

전하께서 지난 22일 발병하시어 결국에 훙거하실 때까지 엿새 동안 왕비 전하의 간호는 말씀드리기 송구할 만큼 극진했습니다. 여염집 부인들이 본받을 점이 태산 같습니다. 왕비 전하께서는 밤낮없이 2층 다다미 8조짜리 병실에 대기하시면서 네 명의 간호사를 지휘하시고, 식사부터 치료까지 실수가 없도록 하셨습니다. 26일부터 슬픔의 시간이 시시각각 임박할 때도 빈틈이 없으셔서 곁에서 모시는 우리와 다르지 않게 느껴질 정도였습니다. 왕께서 병실에 장식한 서양 꽃과 난 화분에 때때로 눈길을 주실 때도 왕비 전하께서는 머리맡에 앉으셔서 이따금 마음에 들어 하시는 꽃으로 이리저리 바꿔 꽂기도 하시고, 한 방울의 탄산수도 친히 입에 흘려 넣어주셨으며, 왕께서 고통스러워하실 때도 의연한 태도로 격려하신 일은 도저히 눈물 없이는 볼 수 없었습니다. 마침내 임종 때는 역시나 고통스러워하셔서 전날부터 한잠도 주무시지 못하셨습니다. 기분 탓인지 여위신 모습은 옆에서 보기에도 황공할 지경이었습니다. 하지만 왕비 전하께서는 곧 마음을 다잡으시고 끊임없이 옆에 있는 사람에게 할 일을 지시하시는 훌륭한 태도에는 오히려 측근들이 눈물을 머금지 않을 수 없었습니다.

이렇듯 커다란 슬픔 속에서도 왕비가 가져야 할 일상의 마음가짐 또한 엿보여 참으로 감격스러울 따름이다.

그리하여 28일 관은 사후 원수에 오른 고 구니요시 왕과 인연이 깊은 나고야(名古屋) 보병 6연대에서 선발된 하사 12명이 봉사하여 영구차로 옮겨졌다. 조기(弔旗)가 비장하게 휘날리는 조용한 마을에 애틋한 정을 남긴 채 아타미 주민들의 전송을 받으며 오후 5시 아타미역을 출발했다.

이날 도쿄는 아침부터 검은 구름이 낮게 드리우고 가는 비가 촉촉이 내렸다. 저녁에는 눈발이 날려서 얇은 명주를 펼쳐놓은 듯했다. 적막한 가운데 영구차는 엄숙하게 도쿄역에 마련된 지정 위치에 정차했다. 그때 시각이 7시 20분. 이 비통한 귀환을 기다리는 친족과 황족들께서 플랫폼에 늘어서 계셨다. 관은 우선 가마로 옮겨진 후 근위보병연대에서 뽑힌 하사가 모는 이두마차로 옮겨져 의장대의 경호를 받으며 많은 사람이 봉송하는 가운데 시부야(澁谷)에 있는 궁저로 향했다.

27일 이후 궁저에는 고관대작들의 조문이 끊이지 않았다. 28일에는 귀족원(貴族院)과 중의원(衆議院) 공동으로 추도문을 의결하여 경조의 뜻을 표하고, 시민은 스스로 가무와 음악, 흥행물을 중지하여 성의를 다해 애도했다. 묘소는 도시마가오카(豊島岡) 서북쪽 모퉁이, 늙은 소나무와 삼나무가 우거진 작은 언덕의 고코쿠지(護国寺) 본사(本寺)와 가까운 고즈넉한 정적 구역에 정하였다. 29일 오전 9시 지신(地神)을 달래기 위한 지진제(地鎮祭)를 엄숙하게 올리고, 30일에는 마지막 영결로서 입관식과 영좌설치 의식을 거행했다. 왕비께서는 고인이 된 왕께서 생전에 대단히 박애

적으로 펼치셨던 유지를 받들어 황실상의령(皇室喪儀令)에 따른 발인식이 끝난 후에 특히 궁가 직원을 비롯한 출입자들까지 조문(拜訣)을 허락하시어 모두가 한결같이 감읍하며 왕의 영령 앞에 절을 올렸다.

이러기에 앞서 관이 도쿄에 도착하자 28일 천황께서는 시부야에 있는 구니노미야 궁저에 시종 가이에다 고키치(海江田幸吉)를, 황후 전하께는 궁녀장 다케야 시게코(竹屋志計子)를, 황태후께는 다음날 29일 사무관 니시무라 기요시(西邑清)를 파견하시어 애절한 조사를 전달하셨다. 31일에는 황송하게도 천황, 황후 두 폐하께서 함께 궁저로 행차하시어 영좌설치 의식 중간에 참석, 다마구시(玉串)라 하는 비쭈기나무에 종이이나 베 조각을 꽂은 신장대를 친히 영전에 바치시고 묵도하셨다. 같은 날 데루노미야 시게코 내친왕도 이제는 돌아가신 조부의 영전에 애처로운 모습으로 절을 올리셨다.

2월 2일, 칙사 시종 쓰치야 마사나오(土屋正直)를 궁저에 파견하여 조문과 물품 하사 의식이 치러졌다. 곧이어 오전 10시 쓰치야 시종은 칙사로서 조문했다. 영전에 비쭈기나무와 폐백 및 공물을 바치고 분향실로 가서 영관 앞에 공손히 다마구시를 올리고 절한 후 은혜롭고 관대한 조사를 낭독한 다음 단상 위에 올려놓

173

고 물러났다. 계속해서 황후와 황태후의 시종이 차례로 비쭈기 나무와 공물을 올리고 공손히 다마구시를 바치고 절한 후 상주인 아사아키라 왕을 비롯한 친족분들 및 여러 참석자에게 예를 표함으로써 장례식은 순조롭게 끝났다.

▲ 히로히토(왼쪽)와 구니노미야의 딸 고준 황후)

구니노미야의 인물상

가와니시 히데야(河西秀哉)[05]

해설

이 글은 조명하 의사가 저격한 구니노미야 구니요시라는 인물이 어떤 인물이었는가를 알 수 있는 글이다.

우선 일본에서는 근대에 이르기까지 천황가에서 분가한 황족의 혈통을 이어받은 4개 가문이 있었다. 구니노미야 가문은 그 중 하나였다. 구니노미야 구니요시의 아버지 구니노미야 아사히코(久邇宮朝彦)는 메이지유신 과정에서 존왕양이파(후에 메이지정부를 창설)를 배제하려고 했기 때문에 메이지 시대가 되어 메이지 정부 사람들은 하사히코를 적으로 간주했다. 그런 연유로 구니노미야 가문은 도쿄에 거주하지 않고 당분간 교토에 거주했다.

아사히코의 장남 구니요시의 딸 나카코와 히로히토 황태자(후의 쇼와 천황)와의 약혼 이야기가 진행되었고 그 약혼은 당시의 다이쇼 천황의 허가를 얻었다. 그런데 구니노미야 가문에 색맹 유전자가 있음을 알게 된 정치

---

05. 가와니시 히데야(河西秀哉) : 고베조가쿠인대학(神戸女学院大学) 준교수

가들이 히로히토와 나카코의 파혼을 계획하기에 이르렀다. 이에 구니노미야 구니요시는 극우세력을 동원해 파혼이란 있을 수 없음을 강조하여 여론전에서 승리하게 된다. 그런 구니노미야 구니요시의 행동이 '궁중 모 중대 사건'이라 불렸다. 이후 구니노미야 구니요시는 자신의 장남의 혼인 문제에도 개입했다. 그는 이번엔 장남의 의사를 따라 약혼을 파혼으로 만들어 버렸다.

이런 일련의 구니노미야 구니요시의 행동에 대해 1924년 11월 당시 섭정이었던 사위 히로히토가 훈계를 내렸다. 황족이 훈계를 받은 전대미문의 사건의 중심인물이 바로 조명하 의사에 의해 척살된 구니노미야 구니요시였다. 그것도 자신의 사위로부터 훈계를 받은 것이다.

그리고 그 4년 후인 1928년 5월 구니노미야 구니요시는 타이완 타이중에서 조명하 의사에 의해 저격당해 1929년 1월 사망했다. 일제는 이 사건을 한 달간 극비사건으로 취급했다. 이에는 여러 가지 이유를 생각할 수 있다. 그 중 하나가 구니노미야 구니요시 자체가 몇 번 구설수에 올라간 인물이라는 점이다. 구니노미야 가문이 원래 메이지정부에 대한 적이었고 구니노미야 구니요시 자체가 두 번이나 혼인 문제로 일본 천황가를 곤란에 빠뜨린 인물이라는 점을 일제는 고려했을 것이다. 그런 구니노미야 구니요시가 타이완에서 저격당했다고 알려지면 일본의 여론은 구니노미야 구니요시에 대해 어떻게 돌아갈지 모르고 그뿐만이 아니라 구니요시의 딸이자 히로히토의 황후 나카코(=고준황후)에 대해서도 좋지 않은 의견이 나올 가능성을 고려해 일제는 조명하 의사 의거에 대한 철저한 보도 통제를 실시한 것으로 판단된다.

이 글은 그런 상황을 알려준다는 뜻에서 주목할 만하다

01. 황실을 곤란에 빠뜨린 구니요시 왕[06]

일본 근대사에서 다이쇼 기(大正期, 1912~1926년)의 구니노미야(久邇宮) 가문 만큼 궁중과 궁내성에 대항하고, 그에 대한 대응을 고민하게 만든 궁가는 없을지도 모른다. 당시 당주(当主)는 구니노미야 구니요시 왕(久邇宮邦彦王)이었다. 그는 히로히토 황태자(裕仁皇太子, 쇼와 천황<昭和天皇>)의 아내 나가코(良子, 고준 황후<香淳皇后>)의 아버지이기도 하다. 황태자의 외척이기도 한 그가 왜 궁중과 궁내성에 저항하고 그들을 곤란에 빠뜨렸을까. 다름 아닌 '궁중 모 중대 사건'이라고 불렸던 일과 그 후 장남 아사아키라 왕(朝融王)의 약혼 파기에 따른 대응이 그 원인이었다.

구니요시 왕은 메이지 6년(1873) 7월 23일, 교토에서 구니노미야 아사히코 친왕의 셋째 아들로 태어났다. 일반적으로 나카가와노미야(中川宮)로 알려진 부친 아시히코 친왕(朝彦親王)은 중세 남북조 시대에 천황가에서 갈라진 후시미노미야(伏見宮) 계의 황족이다. 막부 말기에 궁호(宮号)를 나카가와노미야에서 가야노미야(賀陽宮)로 고쳤으나 메이지유신(明治維新) 후에 후시미노미야로

---

06. 「특집 와이드 근대를 산 궁가의 초상(特集ワイド 近代を生きた宮家の肖像)」「역사독본(歴史讀本)」(2014년 8월호)

복적, 메이지 8년(1875)에 구니노미야 가문을 창설했다. 그는 한때 '반역자'로 누명을 쓰고 추방된 경험도 있다.

그 죄를 용서받기 위해서라도 도쿄로는 이주하지 않았고 정부의 중추에도 들어가지 않았다.[07] 그런 부친의 파란 많고 굴곡진 일생이 아들들에게 큰 영향을 미친다.

아사히코 친왕에게는 9남 9녀가 있었다. 구니요시 왕의 형으로는 훗날 가야노미야라고 명명한 구니나리 왕(邦憲王)이 있었으나 그는 병약했기 때문에 구니히코 왕이 구니노미야 가문을 이어받았다. 아우로는 나시모토노미야 모리마사 왕(梨本宮守正王), 아사카노미야 야스히코 왕(朝香宮鳩彦王), 히가시쿠니노미야 나루히코 친왕(東久邇宮稔彦王)가 있다. 구니히코 왕은 유소년기부터 교토에서 교육을 받았고 메이지 22년 가쿠슈인(学習院)에 입학했다. 천황이 도쿄로 가서 면학하도록 명했기 때문이다 (『메이지천황기(明治天皇記)』, 1888년 10월 8일 조(條)). 그러나 부친 아사히코 친왕은 바로 구니요시 왕을 교토로 데려가 버린다. 그 이유는 '아사히코 친왕이 최근 학풍을 좋아하지 않았고 특히 가쿠슈인 중학과의 풍기가 적절치 않다고 들어서 아이를 맡기기에 부족하다고 생각'(『메이지천황기』, 1890년 5월 20일 조)했기 때문이었다. 다시 말해

---

07. 아사미 마사오(浅見雅男) 저, 『싸우는 황족(戦う皇族)』, 가도가와센쇼(角川選書), 2005년.

황족의 교육기관인 가쿠슈인에서의 자녀 교육을 거부한 것이다. 결국 구니요시 왕은 이듬해에 사립인 세이죠학교(成城学校)에 입학하여 메이지 26년(1893) 8월에 졸업했다. 같은 시기 메이지 24년(1891)에 아사히코 친왕이 서거하여 구니요시 왕은 구니노미야 가를 계승한다.

메이지 26년 12월, 구니요시 왕은 사관후보생으로서 3사단 6연대 9중대에 입영한다. 당시 황족이면서 사관후보생으로 입영한 경우는 그가 처음이었다(『황실황족성람 다이쇼편(皇室皇族聖鑑大正篇)』, 《규슈일일신보(九州日日新報)》, 1937년, 클래스출판에서 2011년 복간). 그리하여 구니요시 왕은 청일전쟁이 발발하기 1년 전 육군 장병의 경력을 시작했다.

그 후 육군 보병 소위로 임관, 메이지 32년(1899)에 중위로 승진한 후 육군대학교에 입학했다. 이곳에 입학한 황족도 구니요시 왕이 처음이었다. 이렇듯 그는 젊어서부터 육군에서 경력을 쌓아나간 첫 황족이었다. 메이지 37년(1304) 육군 참모본부원이 되고, 러일전쟁 때는 1군 참모부에 소속되어 출정, '항상 군의 최대 중요 임무를 계획'(위와 같음)했다. 그 후 메이지 40년(1907)에는 유럽에 파견되어 독일 근위사단(近衛師團)의 군무(軍務)를 견학한 후 유럽 각지를 유람하고 귀국했다.

귀국 후에도 육군에서 승진을 거듭하여 다이쇼 2년(1913)에는 육군 소장, 근위보병 1여단장, 다이쇼 6년(1917)에는 육군 중장, 15사단장이 되고, 이듬해에는 근위사단장에 취임했다. 다이쇼 8년(1919) 군사 참모관에 임관, 다이쇼 12년에는 육군 대장으로 승진했다. 이러한 승진은 동기들보다도 상당히 빨랐다고 한다(아사미 가즈오(浅見和男), 『황족과 제국 육해군(皇族と帝国陸海軍)』, 문예신서, 2010년). 이상과 같이 육군에서 경력을 쌓아나간 구니요시 왕에 대하여 『황실황족성감 다이쇼편(皇室皇族聖鑑 大正篇)』은 이렇게 평가한다.

'전하는 실로 무인으로서의 전형적인 천성을 지니시어 과묵하고 침착하며, 두뇌가 영민하시고, 일상에서도 대단히 엄격하고 소박하시며, 관대하여 인덕이 높고, 글재주를 겸비하셨으며, 회화·서도·도기 취미에 조예가 깊고, 위대한 인격과 풍모를 지니시어 국민이 진심으로 존경하였다.'

태평양전쟁 전에 쓰인 글이므로 황족에 대한 표현은 조금 걸러서 생각할 필요가 있지만, 구니요시 왕의 군인 이미지는 세간에도 널리 퍼져 있었고, 그때까지의 학력도 뒷받침되어 인격자의 상이 형성되었다고 생각된다.

02. 궁중 모 중대 사건의 전말

다이쇼 8년(1919) 6월, 궁내서에서 구니요시 왕의 장녀 나가코 여왕이 히로히토 황태자비로 내정되었다고 발표했다. 그런데 나가코 여왕의 모친 지카코(俔子) 비의 친정인 시마즈(島津) 가문에는 색맹이 유전이어서 그 유전자가 나라코 여왕의 자손에게도 이어질 가능성이 있었다.

이 사실을 안 원로 야마가타 아리토모(山県有朋)는 하타노 요시나오(波多野慶直) 궁내대신을 사실상 경질하고 후임에 야마가타계의 관료인 나카무라 유지로(中村雄二郎)를 앉혀서 사태를 수습하게 했다. 이 일이 있고 나서 발생한 사건을 '궁중 모 중대 사건'이라고 한다.[08]

그 후 야마가타와 마쓰카타 마사요시(松方正義), 사이온지 긴모치(西園寺公望) 등 세 원로와 나카무라 궁내상 등이 협의하여 구니노미야 가문에서 자발적으로 약혼을 물리게끔 압력을 가하기로 결정했다. 그들은 '순혈', 즉 색맹 유전자가 천황가에 유입될까 우려한 것이다. 그리고 사이온지가 구니요시 왕과 직접 만나 약혼 사

---

08. 이하 이토 유키오(伊藤之雄) 저, 『정당정치와 천황(政党政治と天皇)』, 고단샤(講談社), 2002년. 나가이 가즈(永井和) 저, 『청년군주 쇼와 천황과 원로 사이온지(青年君主昭和天皇と元老西園寺)』, 교토대학학술출판회(京都大学学術出版會), 2002년 등 참조.

퇴를 권고한다. 이때 사이온지는 구니요시 왕이 사퇴에 응한다는 인상을 받았다(『하라타카시 일기[原敬日記]』, 1921년 2월 4일 조).

그런데 구니요시 왕은 이후 약혼을 자발적으로 사퇴하지 않겠다는 뜻의 상소문을 다이쇼 천황(大正天皇)의 아내이자 히로히토 황태자의 모친인 데이메이 황후(貞明皇后)에게 제출한다. 구니요시 왕은 야마가타 등이 취한 조치에 대해 반격에 나선 것이다. 그러나 이런 행동에 대한 황후의 반응은 예상을 빗나갔다. 데이메이 황후는 구니요시 왕의 태도에 "그리 하신다면 훗날 황태자가 곤란해질 일도 생길 테고, 구니노미야 님이 스스로 이겼다고 말하는 태도도 좋지 않다"(『마키노 노부아키 일기(牧野伸顯日記)』, 1921년 5월 9일 조)라고 하자 불신감을 가지기 시작한 듯하다. 아마도 구니요시 왕이 원로들의 권고에 원로대신을 건너뛰고 자신에게 반대 의사를 나타내자 황후는 '절차를 밟지 않았다, 순서가 다르다'고 느꼈던 게 아닐까.

나카무라 궁내상은 황후가 구니요시 왕을 "특별히 마음에는 들지 않는 눈치"였다며, "까다로운 장인이어서는 곤란하다는 말씀을 흘리셨다"라고 했다(『구라토미 유자부로 일기(倉富勇三郞日記)』, 1921년 5월 19일 조). 황후에게 직접 의견을 피력하는 구니요시 왕이 까다로운 인물로 보여서 그가 장인이 되면 자기

자식인 히로히토 황태자가 앞으로 정무 등에서 곤란하리라 우려한 것이다.

이러한 황후의 감정을 구니요시 왕은 알지 못했다. 그런 까닭에 오히려 사태를 확대해 나간다. '구니노미야 가문에서 생겼다고 생각되는 운동이 자못 격렬했다. 특히 황태자의 교육 담당인 동궁시강(東宮侍講) 스기우라 시게타케(杉浦重剛)가 일본 국가주의 운동의 창시자이자 우익 세력의 거두인 도야마 미쓰루(頭山満) 등에게 누설하여 낭인들까지 이용하여 각종 인쇄물을 배포'(『하라 타카시 일기』 1921년 2월 20일 조)한 일이 문제시되었다는 점에서도 알 수 있듯이, 구니노미야 가문이 사퇴를 종용한 야마가타 등의 원로를 공격하기 위하여 우익들을 이용하고 괴문서를 배포했다고 보여진다.

국수주의자 그룹은 '인륜론(人倫論)'을 전개하여 한 번 내락(内諾), 즉 비공식적 승낙을 받은 약혼을 파기해서는 안 된다는 취지의 주장을 되풀이했다. 또 야마가타가 궁중에서 저지르는 전횡을 강조하고 그러한 문제를 세간에 공표함으로써 미디어까지 자기편으로 만들려 했다. 이런 동향의 배후에는 구니요시 왕이 있다고 궁중과 정부는 추측했다.

사태는 결국 비판을 뒤집어쓴 야마가타 측의 패배로 끝나고 다이쇼 10년(1921) 2월에 황태자와 나라코 여왕의 약혼을 예정대로 수행한다고 발표하였다(다이쇼 13년<1924> 1월에 결혼). 야마가타는 궁중에서 세력을 잃고 사쓰마 출신의 마키노 노부아키가 궁내대신에 취임한다. 딸의 약혼 사퇴를 종용당했으나 거기에 저항한 구니요시 왕은 세간에서 동정을 받아 권위를 높여갔다. 그러나 궁중에서는 데이메이 황후를 중심으로 '궁중 모 중대 사건'에서 그가 취한 행동에 대한 불만이 잠재해 있었다.

03. 구니요시 왕에 대한 훈계

'궁중 모 중대 사건'에서 구니요시 왕은 천황이 한 번 내락한 약혼 내정은 파기할 수 없다고 주장하여 야마가타 등 원로들에게 승리함으로써 히로히토 황태자와 장녀인 나라코 여왕의 결혼을 성사시켰다. 그런데 이번에는 장남 아사아키라 왕의 약혼 때였다. 천황의 내락을 얻은 그 약혼을 파기시키기 위해 움직인다. 그것이 궁중에서는 큰 문제로 비화한다.[09]

구니요시 왕의 장남으로 나라코 여왕의 오빠인 아사아키라

---

09. 이하, 나가이 가즈, 전게서 참조.

왕은 다이쇼 6년(1917) 9월, 구 히메지 번(姬路藩)의 번주 사카이(酒井) 백작 가문의 딸 기쿠코(菊子)와 약혼했다. 황족의 약혼에는 천황의 내락을 얻는 관례가 있으므로 아사아키라 왕과 사카이 기쿠코의 약혼도 물론 다이쇼 천황의 허가를 받았다.

그런데 아사아키라 왕은 "약혼한 부인이 마음에 들지 않는다. 이 혼사를 중지시킬 궁리는 없을까 생각한다."(『구라토미 유자부로 일기』1922년 8월 30일 조)라며 주위에 자기 의견을 나타내기 시작한다. '궁중 모 중대 사건'이 있은 이듬해 일이다.

이러한 아사아키라 왕의 감정을 고려해서 처음에는 관계자끼리 사태를 수습할 계획이었던 듯하다. 그러나 차츰 궁중에도 상황이 전해진다. 아사아키라 왕은 "결혼할 뜻이 없다. 하지만 황태자 전하의 혼례가 끝날 때까지 문제화하는 것은 보류하겠다."(『구라토미 유자부로 일기』 1924년 2월 3일)라고 하여 부친인 구니요시 왕도 다음과 같이 이야기했다.

"황태자 전하의 혼례를 마칠 때까지는 그대로 두고자 했는데 이제 혼례도 끝났으니 그 일도 처리해야 할 때가 왔다. 나는 이 문제를 꼭 취소해야 한다고 생각한다. …… 약혼 취소에 대해서는 지난 나가미야(良宮, 히로히토 황태자가 아내 고준황후를 부르는 별칭)일도

185
제2장 조명하 의사가 처단한 황족 구니노미야

있었기 때문에 아사아키라는 물론 나에 대해서도 온갖 비난이 쏟아지겠으나, 어떠한 비난이 있더라도 그것을 감수하고 반드시 약혼을 파기해야 한다고 생각한다. 아사아키라가 약혼 수행을 바라는 마음이 있다면 나로서는 대단히 곤란하겠지만 아사아키라가 파혼을 바란다면 나로서는 더할 나위 없는 일이다."

우선 구니요시 왕과 장남 아사아키라 왕 모두 황태자 결혼까지는 문제를 표면화하는 것에 주저한 점이 중요하다. 전년의 '궁중 모 중대 사건'에서 천황의 내락을 방패삼아 황태자와 나가코 여왕의 결혼을 성사시킨 사람은 다름 아닌 그들이었다. 그런데도 이번에는 약혼이 파기되는 반대 상황을 그들 스스로 초래한다면 그 결혼의 근거가 사라져버린다. 그런 연유로 결혼이 기정사실로 될 때까지는 문제를 덮어둔 것이리라.

하지만 파혼하면 비난이 쏟아지리란 점은 충분히 알고 있었던 모양이다. 구니요시 왕은 사카이 기쿠코(酒井菊子)의 추문을 파혼의 이유로 들었는데, 그것이 사실인지 어떤지는 분명하지 않다. 여하튼 장남인 아사아키라 왕의 의사에 따라 행동한 점은 틀림없다.

궁중은 이에 대해 구니요시 왕을 설득하려 했다. 그의 행동은 전연 얼토당토않은 것으로 받아들였기 때문이다. 그러나 구니요시 왕은 완고하게 그것에 응하지 않았다. 최종적으로는 도쿠가와 요리토모(德川頼倫) 종실료(宗秩寮) 총재의 중개로 사카이 가문 측에서 약혼을 사퇴하여 사태가 진전된다.

궁중에서는 '궁중 모 중대 사건'에 이어 또다시 문제를 일으킨 구니요시 왕을 그대로 두지 않았다. 다이쇼 13년(1924) 11월, 섭정에 취임한 히로히토 황태자가 황족 감독권을 행사하여 구니요시 왕에게 '훈계' 처분을 내린다. 다시 말해 사위인 섭정으로부터 처분을 받은 것이다. 거듭된 구니요시 왕의 언동에 애를 태운 궁중은 그에게 엄중한 처분을 내리기로 한다. 그 처분은 세간에도 공표되지 않았고, 입궐 정지 같은 실질적인 징벌도 보이지 않았다. 다만 황족에 대한 훈계는 지극히 이례적이었다는 점에서 의미가 컸다.

그 결과 구니요시 왕은 외척으로서의 권위를 상실하여 그 후에는 공식적인 정치무대에서도 퇴장했다. 거기에 자신이 끼어들 여지조차 없어진 것이다.

제3장

타이완의 신이 된 구니노미야의
작은 아버지 요시히사 친왕

문명의 상징 요시히사 친왕[01]

해설

　　일제는 일제강점기 피지배 민족에 대해 동화정책을 실시했다. 당시 타이완에 대한 일제의 동화정책의 중심에는 일본의 황족 요시히사(能久) 친왕[02]이 있었다.

　　요시히사는 일본의 황족이자 조명하 의사가 척살한 구니노미야의 작은 아버지다.

　　일제는 1895년 청나라로부터 할양받은 타이완에 대해 실시한 평정 전쟁 중 전사한 요시히사를 타이완의 신으로 추대했다. 일제는 요시히사가 타이완을 근대화하기 위해 스스로를 희생시켜 타이완에 은혜를 베풀

---

01. 이와나미강좌(岩波講座), 『근대 일본과 식민지』4, Ⅱ-6, 이민족 지배의 '교의(敎義)'
　　(『近代日本と植民地』4, Ⅱ-6, 異民族支配の〈敎義〉)
02. 요시히사 친왕 : 요시히사는 닌코천황의 양자가 되어 친왕이 된 구니노미야 하사히코의 동생이다. 그도 닌코천황의 친왕 조칙을 받아 친왕이되었다. 친왕칭호는 당시 천황의 직계 아들이나 손자, 동생, 조카, 남성 양자 등에 주어지는 칭호였다.

었다는 신화를 만들어 타이완 지배에 이용했다.

요시히사가 신으로 추대된 타이완 신사가 있어 일제 강점기 일본 황족들은 33차례나 타이완을 방문했다. 그들이 타이완을 방문했을 때 맨 먼저 찾아가는 곳이 타이완 신사였다.

일제는 1895년 11월 18일 타이완 평정 전쟁이 종료했다고 하여 '평정'을 선언했다. 이후 1902년까지 일제에 대한 타이완 주민들의 게릴라전이 이어졌으나 큰 전투는 사라졌다. 1902년 이후 타이완은 일제에 의해 평정된 상태가 되었고 이후 타이완 주민들은 비교적으로 일제 정책에 순응했다.

그러므로 일본 황족들은 조선보다 훨씬 안전한 타이완으로 방문하게 되었다. 조명하 의사가 타이완으로 건너간 후 타이완을 방문한 일본 황족 중 일본의 육군 대장이자 천황 히로히토의 장인 구니노미야가 가장 거물이었다.

이 글은 당시의 타이안의 상황을 설명한 글이다. 조명하 의사의 의거 배경을 알 수 있는 글이다. 「이민족 지배의 '교의(教義)'」(『근대 일본과 식민지』)에 실린 글이다.

아마도 총독부는 1890부터 메이지 천황(明治天皇)의 이름으로 발표되어 1948년까지 실시된 '교육에 관한 칙어', 즉 '교육칙어(教育勅語)'나 천황과 국민은 부자 관계이며 국가는 천황가를 총본가로 한 하나의 대가족이라는 논리를 바탕으로 천황에 충성할 것을 강조한 '가족국가관(家族國家觀)'이 이민족 지배의 '교의(敎義)'로서는 '불충분'하다고 인식했을 것이며, 이것과 접목하는 형태로 독자적 '교의' 형성을 시도한다. 타이완에 연고가 있는 두 인물―타이완 점령 시 황실과 궁성을 수호하는 최정예 부대인 근위사단(近衛師團)의 지휘관으로서 항일 게릴라 진압과정에 사망한 기타시라카와노미야[03] 요시히사(北白川宮能久) 친왕과 청나라 때 이미 거주해 있던 소수민족의 '족장 목베기(首狩り)' 관습을 금지시키기 위하여 자신의 목숨을 희생했다고 여겨지는 한족(漢族) 우펑(吳鳳)―을 이용한 '문명' 관념의 강조가 이러한 독자적 교의 형성에 해당한다. 총독부가 편찬한 수신(修身)·국어·국사에는 요시히사 친왕이, 수신·국어·한문에는 우펑이 나오는데 인물교재로서는 예외적으로 한 사람이 여러 교과에 등장한다. 이런 점에서도 이 두 인물이 얼마나 이용가치가 높은 존재였는지를 알 수 있다.

"황족이라고 하면 '금지옥엽(金枝玉葉)'의 신분임에도 '미지의 영토'로 건너가 천신만고 끝에 병사하였으니 이 비극적 영웅에게 일본인의 동정이 집중되었다." 요시히사 친왕은 1901년 타이

---

03. 시라카와노미야 : 요시히사가 창설한 궁가(宮家).

제3장 타이완의 신이 된 구니노미야의 작은 아버지 요시히사 친왕

완 신사에 신령으로 모셔졌다. 그 사적은 총독부 교과서뿐만 아니라 국정수신교과서(國定修身教科書)에서도 다루었다. 본국 일본에서는 오직 '천신만고'만 강조했으나 타이완에서는 문명화의 상징라는 역할도 담겨 있었다. 이 경우의 문명은 일단 서양 근대문명이었으나 내실이 어떠했는지는 의문이다.

총독부는 '타이완 신사'(권2 제10과)라는 교재의 강의규정인 '설화요령(說話要領)'을 교사용 지도서에서 다음과 같이 정하고 있다. 요시히사 친왕이 오기 전의 타이완은 '기차도 없고 우편도 없고 수도도 없고 병원도 없고 또 여러 가지 나쁜 질병이 퍼져있어'라고 하였으나 요시히사 천왕이 온 뒤로는 '점점 개화되어 지금처럼 편리해지고 질병도 훨씬 줄어들어'라고 쓰여 있다. 이것도 '천황 폐하 덕분인데 그 교재에서 말하면 요시히사 친왕이 자신을 희생하여 타이완을 위해서 고생했기 때문'이고, '친왕께서는 돌아가신 후에도 신령님이 되시어 이 섬을 영원히 지켜주십니다.'(『수신A 교사용[修身A教師用]』, 34~36쪽)

이것은 문명의 혜택 측면을 강조했으나 한편으로는 저변 노동력으로서의 '규율화된 신체'(미셸 푸코[Michel Foucault])이기를 욕구한다. 실제로 수신 교과서는 '위생', '규율', '근검'을 반복해서 역설한다. '법규를 중시하자'(권4 제18과)라는 교재의 경우 교사용 지도서에서 '여러 가지로 터득해야 할 것'의 대표로서 타이완 위경령(違警令)을 다루고 있다. 그것은 '기이한 분장을 한다거나 불온하게 거동하여 제지를 받고 다녀서는 안 된다', '정신병자 간호를 게을리하여 공중이 통행해야 하는 장소에 돌아다니게 해서는 안 된다' 같이 질서에 어긋나는 행위를 부정하는 것부터 '함부로 타인의 통행을 가로막거나 좇아서는 안 된다', '분별없이 공공급수전를 열었다 닫았다 해서는 안 된다'(상동, 91~101쪽)처럼 일상의 사소한 행동까지 감시의 눈길을 미치려 한다.

이러한 욕구는 '근대'의 본질과 연관된 문제로서 일본 본토의 '문명개화'에서도 보이는 점들이다. 도미야마 이치로(冨山一郎)는 이 점에 착안하여 오키나와 근대사를 '일본인'과 '오키나와인'의 대립이 아니라, '위생'과 '비위생', '이성'과 '광기', '근면'과 '나태'로 구분하고 후자를 격리, 배제하는 '근대사회의 논리(近代社会のロジック)'를 꿰뚫어 보는 관점에서 파악해야 한다고 역설했다. 그리고 '일본인', '오키나와인'이라는 카테고리는 오히려 그러한 논리의 부산물이라고 설명했다. 그러나 식민지 타이완의 경우는 '일본'이라는 유사공동체가 성립한 이후에 식민지화된 점, 또 법제적으로도 다른 나라로 간주하여 본국 일본으로의 노동력 유출도 보이지 않았던 점 등이 오키나와의 경우와는 다르다. 근대

제3장 타이완의 신이 된 구니노미야의 작은 아버지 요시히사 친왕

사회의 논리도 관철하지 못하여 불완전한 데다 민족적 대립 시기가 중층을 이루었다. 그리고 일반에게 천황을 내세워 메이지 유신(明治維新)을 달성한 본국에서는 정부가 '서구 문명의 선진적 우월성을 천황상(天皇像)의 후광으로 삼고, 천황제 권력이 다른 어떠한 정치 세력보다 우월한 문명 가치를 점유'한다는 내용으로 민중 '계몽'을 추진할 수 있었다. 반면 '바깥'에서 요시히사 친왕이 들어온 타이완에서는 왜 천황제 권력이 서양화로서의 문명화 담당자가 되어야 했는지 근본적인 질문이 뒤따른다.

이러한 의문의 분출을 미리 방지하기 위해 타이완 점령 이전부터 일부(지룽[基隆]-신주[新竹] 간) 존재했으나 타이완 점령 후 십수년이 지나서야 개통한 철도도 '요시히사 친왕 덕분'이라는 듣기 거북한 미사여구까지 동원해야 했다. 그러나 요시히사 친왕의 그러한 역할은 처음부터 모순을 안고 있었다고 봐야 옳다. 애초에 왜 요시히사 친왕은 타이완으로 향했는가? 국정 제2기 수신 교과서의 '요시히사 친왕'(권4 제2과)에는 '청나라가 타이완을 우리나라에 할양했을 때 타이완에 있던 청나라 사람이 우리나라에 대항했습니다. 요시히사 친왕은 이들을 정벌하셨습니다.'(문부성 『심상소학수신서[尋常小学修身書]』 3쪽)라고 역사적으로 서술하였다. 그런데 총독부 교과서에서는 '옛날 타이완에서는 나쁜 사람들이 있어서 인민을 괴롭혔습니다. 이 나쁜 사람들을 정벌하신 분이 요시히사 친왕이십니다'(『수신A』3쪽)라고 애매하게 신화적으로 표현하였다. 후자가 은폐한 사실은 제국주의적 국제 질서에 따른 '청나라'와 '우리나라 일본'의 대립이고, '정복자'로서 '밖'에서 찾아온 요시히사 친왕의 모습이다. 이는 항일 게릴라가 요시히사 친왕을 살해했다는 전설이 한족 사이에 구전되고 있는 상황에서 '정복자'로서의 모습을 전면에 내세우면 반반을 불러일으키고, 나아가서는 문명이라는 관념을 매개로 일본 지배에 동의를 획득하는 작업에 영향을 미칠지 모른다는 두려움에서 나온 조치일 것이다.

그렇다면 요시히사 친왕을 신으로 모시는 것이 모순의 해소로 이어지는가? 이 점에 대해서는 다음과 같은 이야기가 전해진다. 한족의 종교적 우주에서는 '사람의 영혼이 정당한 신으로 모셔지려면 생전에 어떠한 영적 능력이 있든지 아니면 사후에 어떠한 영험을 발휘해서 그 영혼이 승천하여 옥황상제의 칙봉(勅封)을 받아 비로소 신격을 획득하는 것이 원칙이다.' 그러나 '기타시라카와노미야 전하에 대해서는 아직 타이완 국민에게 어떠한 전설도 생기지 않았다. 그러니 전하의 영혼으로는 이해하나 그들이 말하는 신명(神明)으로는 이해하지 못한다.' 따라서 타이베이 청장(廳長)이 아키이시 모토지로(明石元二郎) 총독의 병세 치유를 기원하기 위해 타이완 신사 참배를 권유했을 때 한족계 주민은 '영혼'에게 병세 치유를 기원하다니 '일본인은 가소로운 미신을 가졌다며 좀처럼 기원을 수긍하지 않았다.' 아키이시 총독이라는 기록으로 보아 1910년대 일일 것이다. 이 이야기는 총독부가 기대하는 요시히사 친왕의 상징성이 한족 사회 내부에 침투하지 못하는 모습을 사실적으로 보여준다.

그러나 요시히사 친왕과 천황제가 결부되지는 않았으나 '문명'이라는 관념은 타이완 주민만을 대상으로 한 초등교육 기관인 공학교에서 교육받고, 나아가 일본에 유학하여 고등교육을 받은 한족 사회 상층부에 깊이 스며들어서 특히 1920년대 이후 민간신앙의 기반을 서서히 붕괴시키는 역할을 하지 않았을까. 이처럼 추측하는 까닭은, 토착 지주 계급을 중심으로 결성된 항일운동조직 타이완민중당(臺灣民衆黨)은 '제3차 전도당원대회선언(第三次全島党員大会宣言)(1929년)에서 '삼베옷을 걸치고 기우제를 지내는 것, 성황묘 제전(城隍廟祭典) 위원인 군수, 성황제에 참가한 지사, 도교의 천상성모인 마조(媽祖) 여신에게 제비뽑기로 점치는 총독 같은 모든 것이 우민화 정책을 보여주는 사실이다.'라고 언급했고, 타이완민중당 계열 신문 《타이완민보(台湾民報)》에서도 결혼이나 장례식에 필요한 비용을 절약해서 공학교에 기부했다는 행위를 예찬하기 때문이다. 그것은 필시 일반 민중에게 널리 공유된 의식은 아니었을지 모른다. 하지만 총독부가 추진한 기형적인 하향식 근대화가 농촌에 깊게 침투해 감에 따라 '문명에 대한 반란'은 더욱 어려워졌음이 확실하다.

일제 도덕 교과서 해설서에 실린 요시히사

해설

　일제는 1890년부터 1945년 패전까지 학교에서 수신(修身) 과목을 필수로 가르치게 했다. 수신이란 현재의 도덕 과목에 해당된다. 그런데 1945년 패전한 일제에 대해 연합국 총사령부는 수신 과목이 일본의 국사와 지리와 함께 군국주의 교육과목으로 간주해 폐지시켰다.

　여기에 소개하는 글은 1937년 5월 출판된 소학교 4학년용 『신 수신서 해설』 중 요시히사 친왕에 관한 내용이다.

　『신 수신서 해설』 중 제1장은 메이지 천황이고 제2장이 요시히사 친왕이다. 메이지 천황 다음에 요시히사 친왕의 생애 등이 위치하고 있는 것은 요시히사 친왕이 일제의 수신교육에서 상당히 높은 비중을 차지하고 있었음을 보여주고 있다.

　수신과목은 만세일계의 천황가가 통치하는 일제라는 국가체제야말로 영원함을 가르치는데 그 목적이 있었다. 그런 수신과목의 두 번째로 등

장한 인물이 타이완의 신 요시히사였다.

조명하 의사도 일제가 운영하는 조선의 보통학교를 졸업했기 때문에 수신과목을 통해 요시히사에 대해 교육받았을 것이다. 조명하 의사는 타이완으로 건너가기 전에 이미 타이완에서의 일본 황족의 위상에 대해 숙지한 입장이었다 하겠다.

소학교 수신서 해설(1937. 5)

제2장 요시히사 친왕(能久親王)

【목적】

요시히사 친왕이 황국을 위해 노고를 아끼지 않으셨던 업적을 세상에 알려 충군애국의 정신을 한층 심화하는 것을 본과의 목적으로 한다(교사용 지도서).

【교재의 의의】

수신서(修身書)에 황족의 사적(事跡)이 실린 예는 권3에 '황후 폐하'가 있다. 물론 황족이란 천황 일족이며 현 제도는 다음과 같은 황실전범(皇室典範)에 의거한다.

제30조 황족이라 칭하는 태황, 태후, 황태후, 황후, 황태자, 황태자비, 황태손, 황태손비, 친왕, 친왕비, 내친왕, 왕, 왕비, 여왕을 말한다.

황족 남자는 황실전범이 정한 바에 따라 각기 황위 계승의 권리를 갖는다. 황실전범의해(皇室典範義解)에서는

'황족이란 대략 천황 혈통의 남자와 그의 정비(正妃) 및 천황 혈통의 여자를 말한다. 대략 황족 남자는 모두 황위 계승의 권리가 있다.'

라고 하였다.

이처럼 금지옥엽의 귀한 신분들이시기에 예로부터 우리나라 국민은 천황에게 절대 무상(無上)의 존숭을 바쳤고 황족분들도 진심 어린 숭경친애(崇敬親愛)하여 지극한 정성으로 받들어 모셨다. 또 황족분들도 천황을 한 집안의 가장, 일국의 원수로 우러러 받들며 일반 신민과 함께 충군애국을 고려하시어 솔선수범을 보이셨다. 건국 이후 우리나라 역사는 황실을 중심으로 발전

하였다. 96대 고다이고 천왕(後醍醐天皇)의 네 번째 황자 무네요시 친왕(宗良親王)은 역적 토벌을 위해 일생을 고난 속에 보내셨는데 일찍이 무사시노(武蔵野) 전장에서 시가를 읊으셨다.

군주를 위해, 세상을 위해, 무엇이 아까우리오
버려야 비로소 가치 있는 목숨이라면

『신요슈(新葉集)』

이 시가는 예부터 내려오는 모든 황족분들의 심경이었다. 메이지(明治) 27~28년(1894~1895) 청일전쟁에서는 요시히사 친왕(能久親王) 외에 고마쓰노미야 아키히토 친왕(小松宮彰仁親王)께서 정청대총독(征清大總督)의 대업을 맡으셨고, 후시미노미야 사다나루 친왕(伏見宮貞愛親王)은 보병 제4여단장으로서 복무하셨다. 메이지 37~38년(1904~1905) 러일전쟁에도 황족분들 다수가 육해군 장병으로 탄환 속에 계셨다. 현재도 군역에 투신하시어 국방의 최전선에서 소임을 다하시는 분들이 계신다. 혹은 다양한 사회사업과 문화 사업의 총재나 임원이 되시어 국민의 행복 증진과 문화 향상의 발전을 위해 몸과 마음을 바쳐 활약하고 계신다. 또 히로히토 천황의 동생이신 지치부노미야 야스히토(秩父宮 雍仁親王)

전하께서는 천황 폐하의 대리인으로서 만주국을 방문하셨고 최근에는 영국 조지 6세의 대관식에 참석하기 위해 유럽으로 외유를 떠나셨듯이 누차 해외로 나가 국교와 친목을 도모하고 계신다. 우리로서는 감격해 마지않을 일이다.

이것은 모두 우리 황국이 군민일체(君民一體)의 국체(國體)라는 표시로 봐야 한다. 황족께서는 한편으로는 신민에게 인자애린 (仁慈愛隣)을 베풀어주시고, 다른 한편으로는 임금과 국가에 정성껏 봉사하셔서 신민에게 모범을 보이신다. 황족분들의 업적은 곧 우리 황국의 명예로운 모습이다. 요시히사 친왕의 업적을 삼가 받들면서도 우리는 이러한 감동이 뼈아프게 사무친다. 그야말로 금지옥엽의 신분으로 풍토병이 만연한 이국땅에서 탄환 속을 누비시다 끝내는 전장에서 목숨을 잃으셨으니 경외와 감격을 금할 길이 없다. 우리는 이점을 유념하여 본과 지도에 임하고, 이러한 감격에 아동들이 공감하도록 힘써야 한다.

아동의 감격은 첫째, 교사의 태도와 해설에 나타나는 교사 자신의 진심 어린 감격으로 환기된다. 둘째, 친왕이 진심에서 표출한 언행을 구체적으로 생생하게 서술함으로써 획득할 수 있다. 그러려면 본과의 목적 달성에 부합하는 설명 내용을 정확히 파악해서 아동의 이해 수준에 맞게 그 내용을 음미할 수 있도록 해야 한다. 핵심 내용 외에는 가능하면 간단한 편이 낫다. 권4에서 예로 든 일화는 거의 실화이며 게다가 역사적 사실이다. 이런 종류의 일화를 다룰 때는 당연히 역사적 사실을 바꾸어서는 안 된다. 사실에 입각하지 않으면 오히려 폐해가 생긴다. 물론 수신 지도에는 역사 지도와 다른 점이 있다. 자료의 취사(取捨)와 서술의 번간(繁簡)은 수신과 역사 양쪽이 절대로 같지 않다. 수신과목에서는 어디까지나 이해시킬 규범과 덕목에 주안점을 두어서 표현상의 불필요한 부분은 전체 설화(說話)를 이해하는 데 방해가 되지 않는 한 버려야 한다. 아동은 아직 계통적으로 국사를 배우지 않으므로 더욱더 중요하다. 이러한 의미에서 본서의 교재 해설은 지도자료로서 충분히 활용해야 한다. 노파심에서 밝혀두는 바다.

【지도 요령 및 지도 과정】

1. 이전의 메이지 천황에 관한 내용을 복습하고 특히 메이지 천황께서 노고를 기울이신 메이지 27~28년(1894~1895) 청일전쟁부터 이번 제2장을 시작한다.

2. 타이완 정벌 전쟁에서 요시히사 친왕이 이룩한 업적을 알린다.

제3장 타이완의 신이 된 구니노미야의 작은 아버지 요시히사 친왕

【해설】

1. 요시히사 친왕의 약력

지도 시에는 대략 간추려서 말하고 황족의 귀한 분으로 일찍이 입대하시어 군사 연구차 독일에 유학하셨고, 조정에 복귀하신 후 거듭 승진하시어 청일전쟁 중에 육군중장 근위사단장의 직책을 맡으신 일 등 약력을 소개한다.

약력 소개를 위해 교사용 지도서 비고에 약보(略譜)를 실었다.

그리고 기타시라카와노미야 가(北白川宮家)는 후시미노미야 가(伏見宮家, 시조인 스이코 천황[崇光天皇]의 첫째 왕자 요시히토 친왕<栄仁親王>)에서 나왔다. 메이지 원년(1868)에 후시미노미야 사토나리 친왕

(智成親王)이 처음 쇼코인노미야(照高院宮)라고 칭하였고 나중에 다시 기타시라카와노미야라고 칭하셨다. 메이지 5년(1872) 사토나리 친왕 서거 후, 형 요시히사 친왕이 이어받으셨다. 요시히사 친왕의 뒤는 왕자이신 나루히사 왕이 상속하시고 다이쇼(大正) 12년(1923) 프랑스에서 서거하신 후에는 그분의 왕자 나가히사 왕이 상속하시어 현재 당주(當主)로 계신다.

2. 타이완 정벌 중의 업적

1) 타이완 정벌

타이완은 메이지 27~28년 청일전쟁에서 우리 군대가 승리하여 4월 17일 시모노세키 조약(下関条約)을 체결할 때 청나라에서 할양받은 땅이다.

그런데도 당시 청나라에서 임명한 타이완 순무(巡撫) 탕징쑹(唐景崧)은 타이완을 순순히 인도하기를 거부하고 부하와 협의하여 타이완공화국이라고 칭하고 5월 23일 만국에 독립을 선언한 후 스스로 대통령이 되어 타이베이를 근거지로 삼아 대대적인 저항 운동을 일으켰다. 그리고 전 타이완 총독 류융푸(劉永福) 같은 자도 남쪽의 타이난을 근거지로 삼아 부하를 모으고 토착민을 선동하여 일본을 따르려 하지 않았다. 메이지 천황은 어쩔 수 없이 육해군에 명하여 이 불온도당을 토벌하게 하시었다.

2) 요시히사 친왕 정벌에 나서시다

당시 요시히사 친왕은 근위사단을 이끄셨다. 랴오동반도(遼東半島)에 출정해 계셨으나 5월 16일, 타이완 및 펑후(澎湖) 섬의 수비 명령을 받고 일단 사단의 절반가량을 기선 16척에 나눠 태워서 타이완으로 향하셨다. 도중에 새로 임명된 타이완 총독 가바야마 스케노리(樺山資紀)의 명을 받아 5월 29일 오후 2시, 타이완 북부에 있는 산댜오 곶(三貂角) 앞에 도착하셨다. 병력은 사단 사령부와 보병 제2여단(여단장 가와무라 가케아키<川村景明>), 기병, 포병, 공병, 치중대, 위생대의 절반 정도였다.

3. 산댜오 곶 상륙

산댜오 곶은 모래에 자갈이 섞인 사질 해안이어서 상륙하기에 적합한 토질은 결코 아니었다. 본디 대본영(大本營)에서는 강에서 상륙할 것을 첫 번째로 예정했으나 정찰 결과 방비가 허술했기에 이 지역을 접안지로 선택했다.

29일 오후 2시 40분경 일본군 일부는 먼저 상륙하여 강하게 저항하는 소수의 적병을 물리치고 상륙지점을 확보함으로써 나머지 부대는 밤을 새워 육지에 올랐다.

요시히사 친왕은 다음날 30일 오전 7시 상륙하셨다. 거칠게 파도치는 외딴 바닷가, 머무실 만한 민가도 없어서 모래 위에 천막을 쳐서 임시거처로 삼고 조악한 의자 하나를 들여놓았다.

애초 근위사단의 작전예상지는 중국 대륙의 들판이었기에 물자 운송은 차량을 이용하기로 되어 있었다. 그러나 타이완 같은 산지에서, 그것도 도로조차 제대로 닦여있지 않은 지형에서 싸우려니 수송력은 거의 없는 셈이나 마찬가지였으므로 인마의 힘을 빌리는 길밖에 없었다. 말조차도 충분히 이용할 수 없었다. 따라서 양식도 이때는 모든 병사가 사흘분의 식량을 휴대했고, 모포는 한 장도 갖추지 못한 상태였다.

게다가 30일부터 31일에 걸쳐 비바람이 점점 거세지고, 악명 높은 모기떼가 습격하여 야영의 꿈은 순조롭게 이루어지지 않았다. 음식물도 부족해서 측근이 캐온 감자를 진흙이 묻은 채로 구웠는데, 친왕께서 손수 흙을 털어내고 껍질을 벗겨서 드셨다는 교과서에 실린 내용 같은 송구한 상황이 벌어졌다. 이때 친왕께서는 "다행히 살아 돌아간다면 해마다 이날에 구운 감자모임을 열어서 기념하자."라고 말씀하셨다.

4. 고난을 물리치고 진군하게 하시다

상륙을 마친 일본군은 군단을 지어 전진했다. 우선 타이완 북부의 요지 지룽(基隆)을 공격했다. 친왕은 사단 본대를 이끌고 6월 1일 산댜오 곶 야영지에서 출발하셨다.

용감무쌍한 일본군에게 적병 따위는 문제도 아니었다. 두려운 존재는 폭서와 말도 다니지 못할 만큼 험악한 길이었다. 전하는 신어 본 적 없는 짚신을 신고 각반을 두르신 채 쌍안경과 도시락을 지니시고 본대 선두에 서셨다. 이날 점심은 매실장아찌 두 개만 딸린 밥이었다. 이마저도 생각보다 맛있었다고 말씀하셨다고 한다.

이날은 아침 8시 야영지 출발, 오후 1시경 산댜오태령 정상 솽시(雙谿)에 도착하시어 전위대 사령관에게서 적의 동향을 보고받고 다음날 조치사항을 명하신 후 저녁에는 숙소로 들어가셨다. 그러나 가난한 산촌인 까닭에 숙소라고는 하나 명목일 뿐 대장장이 집이었다. 침상도 없는 누더기 집이어서 흙바닥에 널판을 깔아 쉬게 해드렸다. 모기떼와 빗물과 지독한 악취. 옆방에 누운 참모 몇 사람도 한숨도 못 잤다고 하였으니 친왕께서는 얼마나 괴로우셨을지 생각할수록 황송할 뿐이다.

5. 산댜오태령의 험산준령을 넘다

다음날은 쌍시를 출발해서 20리(里)정도 험난하기로 유명한 산댜오태령을 넘어야 했다. 말도 지나다니지 못하는 오르막길과 내리막길이 50리, 가파른 고갯길이다. 모든 병사는 총과 배낭을 합쳐 7, 8관(貫)에 달하는 전시 무장에다 겨울옷을 껴입고 말로 옮겨야 할 취사도구와 위생재료 따위까지 짊어져야 했다. 게다가 이날은 아침부터 큰비가 내리더니 점점 더 빗발이 거세졌다. 하지만 전하는 부하가 가마를 대령시키자 인부가 고생할 것을 생각하시어 타지 않으셨다. 청죽(靑竹)을 짚고 전군과 함께 고난을 겪으시며 극도의 피로도 괘념치 않으시고 한 발, 한 발 전진하셨다. 낙오자도 그 모습을 보고 용기를 내어 다시 전진했다. 병든 병사도 벌떡 일어섰다.

친왕은 정상에서 형식뿐인 점심을 드셨는데 산기슭 끝에서 전위대가 적과 전투 중이었으므로 마음 편히 휴식을 취할 틈도 없이 내리막길로 이동하셨다. 내리막길은 더욱 험난했다. 바위 모서리를 타고 흘러내리는 빗물에 발이 휩쓸렸다. 친왕은 청죽을 힘껏 짚으며 이 험로를 더듬어 가셨으나 피로가 극에 달했다. 병사 중에는 자기도 모르게 바위에 걸터앉아 숨을 헐떡이는 자가 무수히 많았다. 그러나 친왕이 지나가자 황급히 일어서서 경

제3장 타이완의 신이 된 구니노미야의 작은 아버지 요시히사 친왕

례를 붙였다. 친왕은 그때마다 일일이 대나무 지팡이를 왼손으로 바꿔 들고 정중히 답례하셨다. 참모 가와무라 슈이치(河村秀一)는 송구하기 짝이 없어 "바라건대 허락해 주신다면 전하를 대신하여 제가 응대하겠나이다"라고 청하였으나 친왕은 아무렇지 않은 모습으로 "조금도 힘들지 않으니까!"라고 말씀하시어 피로한 티를 내지 않으시고 부하를 위로하시었다. 오후 3시, 적병이 뿔뿔이 흩어진 뒤의 루이팡(瑞芳)에 도착하시어 부상자를 돌아보시고 전황 보고를 받으셨다. 또 다음날 할 일을 명하시는 등 전투 전후의 조치를 마치신 후 휴대했던 식량으로 저녁 식사를 드신 후 초가집에서 잠 못 이루는 밤을 보내셨다.

▲ 요시히사 친왕(왼쪽 사진은 왼쪽에서 두 번째가 요시히사)

6. 타이완 북부 진압

다음날 6월 3일, 일본군은 전진하여 지룽을 공격했다. 적은 8, 9천에서 줄지 않은 채 험산에 의지해서 포대에 기대어 저항했다. 그러나 일본군은 4천의 적은 병력임에도 맹진 또 맹진, 친왕은 전위대를 속행시키시어 극렬한 시가전 끝에 지룽을 함락하셨다. 적의 패잔병들은 다시 시가지 남쪽 쉬치우링(獅球嶺)의 보루에 숨어 저항했으나 친왕의 지휘 아래 일본군은 주저 없이 가파른 고개를 올라 함성을 지르며 뛰어들었다. 산 위에서 일장기를 흔들고 폐하 만세를 소리 높이 외쳤다. 이날 적군의 사망자는 250명, 포로는 약 30명이었으나 일본군의 사망자는 2명, 부상자는 26명에 불과했다.

이어서 타이베이를 점령하여 탕징쑹은 도주했다. 타이완공화국은 불과 20여 일 만에 깨끗이 사라졌다. 그러나 류융푸는 다시 타이난에 웅거하여 어리석은 백성을 선동했다. 복종할 기색이 없었으므로 일본군은 한동안 머물면서 인근 지역의 민심을 달래야 했다.

도적 떼나 다름없는 적군은 애초에 정예군인 일본군에게 대적할 만한 수준이 아니었다. 그러나 좇아가면 흩어지고, 후퇴하면 모이는 식으로 신출귀몰하여 일본군의 경계가 미치지 못하

는 곳을 주시했다가 병참선을 습격하고, 연락병을 죽이고, 토착민을 선동하거나 해서 몹시 골치를 썩였다. 그중에서도 산자오융(三角湧) 협곡 부근에서 소수의 일본군 수송대가 그보다 몇 배는 더 많은 적군에게 두 번이나 급습을 당하여 전멸 직전에 놓이기도 했다. 그 참사는 당시 군가로 불리기도 하여 국민이 비탄에 차서 눈물을 흘렸다.

또한 살인적인 무더위가 맹위를 떨치고, 미개척지였던 탓에 위생상태가 극도로 불량했고 전염병도 자주 창궐했다. 일본군 장졸들의 고생은 이만저만이 아니었다. 심지어 일군의 장으로서 격심한 군무를 맡으셨던 친왕의 고초는 두말할 나위가 없었다.

일본군은 7월 하순, 마침내 군 편제가 마무리되기를 기다렸다가 남진을 개시하여 우선 산자오융 부근을 소탕하여 연신 일본군의 연락선을 위협한 적병을 모두 몰아내고, 8월 8일 신주(新竹) 남쪽 지안비산(尖筆山)의 요새에 웅거한 적을 공격했다.

7. 지안비산(尖筆山) 공격

당시 일본군은 이미 신주를 점령한 상태였으나 수천의 적병은 지안비산 요새에 웅거하여 멀리 신주까지 포위한 듯한 태세를 취하고 있었다. 친왕은 이러한 적을 격퇴할 수 있는 면밀한 계획을 세우시고 8월 8일 날이 밝기 전에 공격을 개시했다. 오전 10시, 일제히 적진으로 돌입하여 적병을 몰아냈다. 이날은 구름 한 점 없이 쾌청했고 기온이 138℉(59℃)에 달하여 끔찍하게 무더 웠다. 게다가 이 일대에는 나무라고는 그림자도 하나 없는 민둥 산이어서 무더위가 적병보다 몇십 배는 더한 강적이었다. 토벌 을 마친 후에도 친왕을 비롯한 전군 일동은 산정상에서 야영하 고 밭 사이로 흘러가는 흙탕물로 밥을 지어야 했다.

8. 빗발치는 탄환 속, 장화(彰化)의 용전(勇戰)

장화(彰化)는 앞에 다두시(大肚溪)라는 커다란 강이 흐르고, 동쪽 빠과산(八卦山) 정상에 포대를 설치해서 적군이 최고의 요새지라 고 믿는 곳이었다. 일본군은 8월 27일 장화 북쪽 약 2리 지점에 도달하여 다두시 강을 끼고 적과 대치했다. 이 강은 폭이 400~ 500m로 수심이 깊고 유속이 빠르다. 전면에서 바라보니 빠과산 위에 오색 찬란한 대형 깃발 여러 개가 휘날려 군세를 크게 자랑 하고 있었다.

친왕은 이날 막료 두세 명을 데리고 최전선으로 나아가시어 직접 쌍안경을 손에 들고 적의 정황을 살피셨다. 이때 적군이 발 사한 유탄(榴弾) 하나가 굉음을 내며 날아와 토사를 무너뜨려 토사가 친왕 바로 앞에 떨어졌다. 그러나 친왕은 안색도 변하지 않으시고 조용히 담소를 나누셨다. 몹시 황공해하는 막료의 간곡한 표정을 보시고 천천히 걸음을 돌리셨다고 한다.

다음날 28일 새벽. 가장 먼저 강을 끼고 포전(砲戰)이 개시된 후 마침내 보병전으로 바뀌어 싸움은 점점 더 격렬해졌다. 때가 오자 친왕은 친히 본대를 이끌고 전날 밤 정탐하게 한 강 상류의 선착장에서 강을 건너신 다음 적의 우측에서 한꺼번에 돌입하셨다. 또 전날 밤 은밀히 강을 건너 빠과산으로 향했던 1개 지대(支隊)도 기습적으로 적진에 들이닥쳐서는 그대로 함락시켰다. 적은 우왕좌왕했다. 600여 구의 시신을 버려둔 채 흩어져 도망쳤다.

9. 열병의 유행과 친왕의 인자

근위사단은 다시 남하하여 타이난으로 향하기 전에 만반의 준비를 위해서 총독이 명하는 대로 약 한 달간 장화에 주둔하였다. 그곳은 타이완 전역에서도 전염병이 가장 크게 유행하는 지역으로 여겨졌다. 그런데도 불볕더위 속 8월에 갑자기 1만도 넘는 대군이 떼로 모여 있으니 병마는 금세 미쳐 날뛰었다. 잠깐 사이에 사단의 태반이 말라리아에 걸렸고 장화 시 전체가 병원처럼 변하는 참담한 지경에 이르렀다.

9월 중순에 들자 전염병은 점점 더 기세가 커져 걷잡을 수 없이 퍼져나갔다. 건강한 병사는 전군의 5분의 1도 되지 않았다. 친왕의 막료인 야마네(山根) 소장과 나카오카(中岡) 대좌, 여러 참모 외 다수의 장교까지 잇달아 병사했다. 이 참상 속에 계셨던 친왕은 일신의 위험도 돌보지 않으시고 조석으로 병자를 돌아보시며 격려하셨다. 그리고 항시 자유롭게 쓰시던 식료품이나 일용품 같은 것을 아껴서 나눠주시는 등 부하를 돌보는 자애로움에 전군에서 감격하지 않는 자가 없었다.

10. 친왕 발병

맹위를 떨치던 병마도 9월 하순에는 마침내 그 기세가 꺾이는 듯했다. 때마침 전부터 사령부가 기획해온 남진군의 편제도 끝나 모든 준비를 마쳤으므로 사단은 10월 3일 장화를 출발하여 적의 잔당을 몰아내고 9일 자이(嘉義)를 점령했다. 사단은 여기서 새로 타이완에 입성한 제2사단과 합류하여 적의 최후 근거지인 타이난을 공격하였다.

10월 18일, 친왕은 자이를 출발하시어 남쪽으로 6리 밖에 있는 안시(安溪) 관사에 들어가셨다. 악성 전염병이 유행하는 어떤

벽촌이고 숙영지로 삼을 만한 촌락도 아니어서 별수 없이 그곳에서 하룻밤을 지내기로 하셨다. 친왕은 불결하기 짝이 없는 한 민가 봉당에 문짝을 겹쳐 놓고 그 위에 짚을 깔아 급조한 침상에서 휴식하셨다. 그곳은 넓이가 다다미 8장 크기로 약 4㎡ 남짓했고, 습기가 많으며, 쓰러지기 직전인 기둥이나 무너질 듯한 벽에는 곰팡이와 버섯이 피었고, 무어라 형언하기 힘들 만큼 고약한 악취가 고여 있었다. 게다가 친왕께서는 이날 저녁 무렵부터 차츰 몸 상태가 나빠지시어 군의관은 가벼운 말라리아로 진단하고 제반 치료에 힘을 쏟았다.

11. 병을 무릅쓰고 진군하게 하시다

친왕은 다음날 아침에도 열이 떨어지지 않았다. 군의관은 폐하의 정양을 간곡히 권하였으나 친왕은 직책을 중히 여기시는 마음이 두터우시어 전군의 계획에 지장이 생길까 우려하셔서 끝내 군의관의 권유를 듣지 않으셨다. 좁은 타이완 가마를 부르셔서 군대와 함께 출발하셨다. 이때 금지옥엽의 몸으로 오직 조국을 위해 일신의 안위도 아랑곳하지 않으셨던 고귀한 정신을 마음에 깊이 새겨야 함은 본과에서 특히 주안점을 두어야 한다.

그런데 사단은 좌우 두 종대로 나누어 계속 남진했고, 친왕은 좌측 종대와 함께 전진하시어 10월 20일 완리(灣裡) 숙소에 도착하셨다. 적의 완강한 저항을 물리치신 다음의 전후 조치를 명하시고 밤이 깊어서야 가설 침상에 드셨다.

다음날 아침에는 친왕의 피로가 특히 더 심해지셨다. 여러 사람이 아무래도 좁은 타이완 가마는 불편하리라 짐작하고는 대나무를 엮어 자리를 만들고, 짚과 모포를 깔고, 양쪽 가장자리에 짊어지기 쉽도록 봉을 붙였다. 그 위에다 모포를 덮어서 아주 간단하고 조잡한 것을 만들어 친왕에게 보여드렸다. 친왕은 한눈에 보기에도 부하의 지극정성에 크게 흡족해하시며 기쁜 얼굴로 "이것 참 좋은 생각을 내었구나. 오늘부터는 필시 편하겠다."라고 말씀하셨다.

10월 21일, 타이난 진격 전날이었다. 적장 류융푸는 일찌감치 타이난에서 도주하여 안핑(安平)에서 영국 선박에 올라 중국 본토로 갔다는 정보가 친왕에게 전해졌다. 친왕은 몹시 낙담하신 기색으로 "장중보옥(掌中寶玉)을 잃는다는 게 이런 심정인가."라고 하시며 창백한 얼굴로 헛헛하게 웃으셨다.

다음날 22일, 하늘은 맑고 더위는 지독했다. 전군은 오늘이야말로 목적지인 타이난에 들어가 적장의 목을 치겠다고 단단히 벼르며 진격했으나 역시 적장의 도주는 사실이었다. 오후 2시

제3장 타이완의 신이 된 구니노미야의 작은 아버지 요시히사 친왕

타이난에 입성했으나 장졸들의 낙담은 여간 크지 않았다.

12. 친왕 훙거

게다가 이날 친왕의 용태는 악화일로로 치달았다. 시종이 권하여 달걀 한두 개, 말라버린 작은 빵 서너 개와 끓인 물 한 그릇을 드셨을 뿐이다.

"오늘은 더위가 극심해서인지 유독 괴로웠다."

"이제부터 타이난까지는 얼마나 남았느냐?"

이렇게 물으셨다. 평소 희로애락의 감정을 드러내시지 않는 친왕께서 이렇게 말씀하시기까지 얼마나 병고에 시달리셨는지는 헤아리고도 남을 일이다.

타이난 도착 후 사령부의 한 칸을 병실로 삼아 오로지 치료에 최선을 다했으나 병세는 조금도 수그러들지 않았다. 거기다 폐렴까지 함께 발병하여 10월 28일 끝내 이곳에서 훙거하셨다. 전군의 장졸들은 타이난 점령의 기쁨도 잊은 채 그저 비애에 잠겼다.

친왕 서거하시자 메이지 천황(明治天皇)은 심히 애석해하시고 국민도 한결같이 삼가 애도하는 지극한 마음을 표했다.

11월 1일, 천황께서 명하시어 친왕을 훈공 3급에 서위하시고 금치훈장(金鵄勳章) 및 국화경식장(菊花頸飾章)을 수여하셨다. 4일

육군대장으로 승임(陞任)시키고, 5일 친왕의 관이 도쿄에 도착한 날 발상(發喪), 10일 천황께서는 궁저에 칙사를 보내 다음과 같은 애도사를 내리셨다.

종실의 친척으로 일찍이 군직에 몸을 바쳐 근면 성실하게 중책을 거치며 위엄과 덕망을 더하고 나아가 군사를 통솔하여 원정 책임을 맡아 그 전적이 지극히 현창할 만하다. 이제 비도(匪徒)를 평정하던 차 돌연 세상을 떠났으니 애석하고 슬픈 마음 어찌 이기리오. 이에 시종 종삼위(從三位) 훈삼등(勳三等) 자작 니시요쓰쓰지 기미나리(西四辻公業)[04]를 보내어 부조(賻弔)하게 한다.

다음날 11일, 국장의 대례로 도쿄 도시마가오카(豐島丘) 묘역에 안장했다. 또 메이지 33년(1900) 9월, 타이베이 교외에 소재한 젠탄산(劍潭山)에 타이완 신사를 세워서 친왕을 타이완을 보호하는 진무신으로 모시고 관폐대사로 지정했다. 이곳에는 오쿠니타마노미코토(大国魂命)·오나무치노미코토(大己貴命)·스쿠나비코나노미코토(少彦名命)가 합사되어 있다.

---

04. 자작 니시요쓰쓰지 기미나리(西四辻公業) : 메이지 시대 일본의 귀족이자 정치가.

제3장 타이완의 신이 된 구니노미야의 작은 아버지 요시히사 친왕

친왕의 정벌 공적으로 타이완은 일본의 신영토로서 황국에 속하는 은혜를 입게 되었다. 그 후 통치 업적이 속속 드러나고, 산업이 크게 발흥하여 타이완은 실로 일본의 보고(寶庫)이다. 새로 복속된 백성인 한족(漢族)도 그곳에서 편안히 거주하며 놀랍도록 활발히 늘어났다. 친왕의 영령은 영원히 타이완을 지켜주신다.

【국민의 각오】

메이지 천황께서 언제나 국가의 안위와 국민의 행복만을 크게 염려하시는 것은 이전 과에서 학습하였다. 요시히사 친왕이 금지옥엽의 몸으로 온갖 고난을 견디시며 황국을 위해 온힘을 다하신 것도 신민으로서 송구하기 그지없는 일이다. 우리 황실은 예로부터 이러하셨다. 국민으로서 이 점을 생각하면 절대 일신의 형편만을 고려해서는 안 된다. 황국을 위해 우리가 전력을 바쳐야 함이 국민의 첫 번째 의무여야 한다.

교사용 지도서에는 '누군가는 이것에 감격하여 일단 유사시에는 의용봉공(義勇奉公)하자고 결심했다.'라고 쓰여 있다. 본과에서는 충국애국 정신을 더욱 심화하는 것을 목표로 한다. 충군애국이란 본디 비상시만이 아닌 평상시에도 모든 행실의 근거로서 명심해야 할 점이지만, 여기서는 구태여 거기까지 유도하지 말고 일단 유사시의 의용봉공을 강조해서 어린 아동의 머릿속에 비상시 국민의 각오를 심어주는 데 주력하는 것이 바람직하다. 충군애국의 평상시 태도는 다른 기회를 통해 알아보자.

제3장 타이완의 신이 된 구니노미야의 작은 아버지 요시히사 친왕

제4장

조명사 의사 기념사업의 현황

조명하 의사 의거
90주년 기념으로 고시패 설치

2018년 5월 타이완 타이베이 한인학교에서 조명하 의사 의거 90주년 기념식이 거행되었다. 그리고 이 행사의 일환으로 타이완 한인협회는 타이중시의 허가를 얻어 조 의사의 타이중 의거 현장에 의거 사실을 알리는 고시패를 설치하는데 성공했다.

주 타이베이 한국대표부(대표 양창수<당시>)는 "5월1일 타이중 시립제일고등학교에서 문화성중성(文化城中城) 역사현장 고시패 설립식이 열렸다. 이번에 조 의사 의거지 고시패도 함께 설립됐다."라고 전했다.

조 의사 의거지 고시패는 타이중시가 역사 유적지 7곳에 설치

한 고시패 중 하나다. 조 의사 의거지 고시패는 타이중시 자유로
이단 1호(自由路二段 1 號)에 설치되었다.

▲ 조명하 의사 의거 고시패 (타이완 타이중시 자유로 이단 1호)

▲ 조명하 의사 의거 고시패 제막식(2018. 5. 14)

▲ 조명하 의사 의거 90주년 기념식(2018년 5월13일 타이베이 한국학교에서)

왼쪽에서 조영환 기념사업회 사무국장(당시), 조경환 유족대표, 남기형 기념사업회장(당시), 양창수 타이완 대표부 대표(당시), 임병옥 중화민국 한인회장(당시), 박경진 타이베이 한국학교장(당시), 호사카 유지 세종대교수, 김상호 타이완 수필대교수, 김주용 원광대교수

타이베이 한국학교에서
조명하 의사 새 동상 제막식 거행

조 의사를 기리는 새 동상이 2019년 5월 11일 타이완 타이베이 소재 한국학교 교정에 세워졌다. 조명하 의사연구회(회장 : 호사 카유지 교수<당시>)는 이날 오전 타이완 타이베이시 한국학교 교정에서 조 의사 동상 제막식을 거행했다. 이 자리에는 교민들과 타이베이 주재 한국대표부 관계자 등이 참석했다.

이날 공개된 조 의사의 입상은 한국에서 만들어져 타이완으로 옮겨진 것이다. 이번에 제막된 동상은 지난 1988년 서울대공원에 세워진 조 의사 입상과 같은 모양으로 제작됐다.

타이베이 한국학교 교정에는 지난 1978년 교민들이 모은 돈으로 만든 조 의사 흉상이 설치되어 있었다. 그러나 흉상의 얼굴이 실제 조 의사 얼굴과 다르다는 지적이 계속 있어왔다. 그러므로 2019년 조 의사 의거 91주년을 계기로 새 동상을 제막한 것이다.

조 의사의 장손이자 유족대표인 조경환 씨는 이날 처음으로 새 동상의 모습을 보고 "눈물이 나네요."라면서 한동안 말을 잇지 못했다. 처음으로 나랏돈이 지원돼 만들어진 조 의사 동상을 바라보면서 조경환 씨는 온갖 어려움 끝에 지난 1988년 서울대공원에 할아버지의 동상을 세웠던 서러운 기억이 떠올랐다고 연합뉴스(2010. 5. 11.)는 전했다.

유일한 혈육인 조혁래(2017년 작고)씨와 손자 경환 씨 등 유족은 그간 '잊힌 영웅'인 조 의사를 기리는 선양 사업을 위해 적지 않은 사재를 털어 가며 외로운 길을 걸어왔다. 서울대공원에 있는 조 의사 동상은 한국 내에 있는 유일한 조 의사의 동상인데 당시 조혁래 씨와 조경환 씨는 여러 방면에 호소한 끝에 서울대공원에 조 의사의 동상을 세울 수 있었다.

당시 조성비용은 모두 조 의사 후손들이 부담했다. 동상 설치를 위한 '사례금'으로 동상 제작 설치비보다 더 많은 돈을 건넬수밖에 없던 부조리한 현실도 있었다고 전해진다.

조경환 씨는 "오래전 서울시는 지금 돌아보면 복마전 같은 곳이었다."며 "이것만이 아니라 아버지를 도와 할아버지 기념사업을 하면서 못 볼 모습을 너무 많이 보면서 '독립운동가의 후손이 죄인인가'하는 생각마저 들었다."라고 당시를 돌이켜 말했다.

1988년 서울대공원 동상이 만들어지는 과정에서 조경환 씨는 큰 절망감에 빠졌다. 이후 그는 이민을 결심하고 호주로 떠났다.

"동상을 세우는 과정에서 너무나 가슴 아픈 얘기가 많았어요. 그때 제가 아버지께 '할아버지가 왜 이런 나라를 위해서 목숨을 바치셨는지 도저히 이해를 못 하겠습니다.'라고 말씀드리고 이민을 하겠다고 했어요. 어째서인지 아버님께서는 '그래 가라'고 허락하셨어요."

조경환 씨는 2017년 부친 작고 뒤에는 부친이 짊어졌던 조명하 의사 기념사업이라는 무거운 '유산'을 물려받았다. 그는 이후 아버지 조혁래 씨가 걸어간 길을 다시 걷고 있다. 조경환 씨는 거주 중인 호주 시드니에서 한국과 타이완을 수시로 오가면서 조의사 기념사업을 챙기고 있다.

조경환 씨는 "기념사업을 하시기 위해 지은 죄도 없이 50년, 60년을 주변에 굽실거리고 사셨던 아버님의 모습이 너무나 가

슴 아팠지만 저 역시 큰 사업은 아니더라도 후세에 부끄럽지 않
도록 할아버지 기념사업을 계속해 나갈 작정"이라고 강조했다.

> "애국심 강한 우리 젊은이들이 조명하 의사를 안다면 타이완의
> 의거 현장이나 순국지를 가보지 않을 리가 있겠어요. 우리 유족
> 이 앞서 알리는 일을 할 테니 관광공사 가이드북에 관련 내용을
> 넣어주는 등 나라 역시 할 수 있는 도움을 주었으면 좋겠어요."

2019년 5월의 조 의사 동상 제작에는 처음으로 국가 예산이
투입되었다. 지난 1978년 타이베이 한국학교에 설치된 흉상은
타이완 교민들의 성금으로, 1988년 서울대공원 입상은 조 의사
의 후손들이 마련한 자금으로 제작되었다. 이것이 조 의사 현창
사업의 새로운 시작이 되었으면 하는 바람이다.

▲ 2019년 5월 11일 타이베이 한국학교 교정에 설치된 조명하 의사 새 동상)
왼쪽부터, 조득창 협상대 교수, 김상호 타이완 슈핑대 교수, 박지영 기념사업회 이사
부인, 호사카유지 세종대 교수, 조경환 유족대표, 김미란 유족대표 부인, 한영선 김상
호교수 부인, 장병원 기념사업회 이사

맺음말

조명화 의사는 1928년 5월 14일, 24세라는 젊은 나이로 타이완 타이중에서 당시의 일왕 히로히토(裕仁)의 장인이자 육군대장이며 일본 왕족 구니노미야 구니요시(久邇宮邦彦)를 처단했다.

조명화 의사의 의거는, 이봉창이 1932년 1월 8일 일본 도쿄에서 일왕 히로히토에게 수류탄을 투척하는 의거로 이어졌고, 1932년 4월 29일 상하이에서 열린 히로히토의 생일 축하행사에서의 윤봉길 의사의 의거로 이어졌다.

윤봉길 의사의 의거로 중국국민당 장제스가 김구 선생이 이끈 대한민국 임시정부를 동맹국으로 인정해 이후 임정을 전폭적으로 지원하기 시작했다. 장제스가 참여한 1943년 카이로회담에서 한국의 독립이 미·영·중의 합의사항이 되어 일제 패망 후 한국이 독립했다. 즉, 대한민국 독립으로 이어지는 일본 왕족을 표적으로 삼은 의거의 본격적인 시작이 조명하 의사의 의거였다.

조명화 의사의 의거 대상인 구니노미야 구니요시는 왕족을 개편한다는 명분하에 1875년 새로 창설된 궁가(宮家) 구니노미야 가문을 이어받은 인물이다.[01] 궁가(宮家) 구니노미야 가문의 제1대는 구니노미야 아사히코(朝彦), 구니노미야 구니요시는 아사히코의 아들이다.

---

01. 궁가(宮家) 구니노미야 가문의 제1대는 구니노미야 아사히코(朝彦), 구니노미야 구니요시는 아사히코의 아들이다.

그는 현재의 일왕 나루히토(德仁=재위 : 2019.5.~)까지 이어지는 혈통의 시작인 소코(崇光) 일왕(1334~1398)의 16대손이다.

일본 왕족은 신화에 불과한 천손 강림 일화를 근거로 소위 '하늘의 혈통'을 지키기 위해 히로히토 일왕까지는 왕족끼리 혼인을 해 왔다. 그러므로 왕족들의 피는 서로 대단히 가깝다. 당시의 일본인들은 왕족 전체를 '신의 가족'으로 인식하고 있었다.

1945년 8월 15일의 패망 전까지 일본인들에게는 '신의 후예'인 일왕과 그의 일족들이 일본을 통치한다는 일본의 '국체(國體 : 고쿠타이)'를 지키는 것이 일본인들에게는 민족적 사명으로 인식되었다.[02]

그러므로 일왕과 왕족이라는 존재는 일본에 있어서는 단순한 왕가가 아니라 일본제국주의의 근본이자 본질이었다. 즉, 의거의 대상이라는 관점에서 그 가치를 논할 때 조명화 의사의 의거는 안중근 의사, 이봉창 의사, 윤봉길 의사의 의거와 동격으로 '4대 의거'로 뽑힌다.

윤봉길 의사의 폭탄 투척으로 사망한 시라카와 요시노리(白川義則) 육군대장은 왕족이 아니었다. 그는 당시 상하이에서 열린 '천장절(天長節)'[03]이라 불린 일왕 히로히토의 생일축하 행사를 주관한 인물이었다. 안중근 의사가 사살한 이토 히로부미(伊藤博文)도 왕족이 아니라 일본 총

---

02. 일본정부 문부성 발행, 『국체의 본의(国体の本義)』, 1937.
03. 노자(老子)의 말 '천장지구(天長地久)'에 유래. 원래 중국황제의 생일을 천장절이라 하고 일본은 그것에 따랐다.

리를 역임한 인물이었고 안중근 의사에 의해 사실당한 당시는 한국통감을 사임한지 4개월이 지난 시점이었다.

4대 의거는 의거 대상의 일본에서의 위상과 일제에 준 충격의 크기로 정의된다. 조명화 의사의 의거 후 일제는 한 달 정도 사건 보도를 통제했을 정도였다. 왜냐하면 조명화 의사가 처단한 구니노미야 구니요시는 일왕이 된지 아직 3년 정도밖에 되지 않았던 히로히토의 아내 고준(香淳) 왕비의 아버지이므로 조명화 의사의 의가가 일본에 준 충격이 매우 클 것으로 염려한 일제가 사건에 대한 보도 통제를 실시한 것이다.

이번 <조명화 의사 자료집 I >은 2019년 5월 타이완 타이베이 한국학교에 조 의사의 새 동상이 설치된 것을 계기로 계획되었다. 코로나19의 영향도 있어 출판까지 1년 이상의 시간이 걸렸으나 앞으로 조명화 의사에 관한 연구가 더욱 활발해질 것을 기원하면서 맺음말로 한다.

2021년 1월
편저 호사카 유지